Y. 5517.
8.

Réserve

Y.f 3162

LES AMANTS MAGNIFIQVE

LES ŒUVRES POSTHUMES DE MONSIEUR DE MOLIERE.

TOME VIII.

Imprimées pour la premiere fois en l'année 1682.

Enrichies de Figures en Taille-douce.

A PARIS.

Chez
{
DENYS THIERRY, ruë saint Jacques, à l'enseigne de la Ville de Paris.
CLAUDE BARBIN, au Palais, sur le second Perron de la Sainte Chapelle.
ET
PIERRE TRABOUILLET, au Palais, dans la Gallerie des Prisonniers, à l'image S. Hubert, & à la Fortune, proche le Greffe des Eaux & Forests.
}

M. DC. LXXXII.
AVEC PRIVILEGE DU ROY.

PIECES
CONTENUES
en ce huitiéme, & dernier Volume.

LES AMANS MAGNIFIQUES.

LA COMTESSE D'ESCARBAGNAS.

LE MALADE IMAGINAIRE.

Corrigé sur l'original de l'Autheur, de toutes les fausses additions & suppositions de Scenes, faites dans les Editions precedentes.

LES AMANS
MAGNIFIQUES,
COMEDIE
MESLE'E DE MUSIQUE,
& d'Entrées de Balet.

PAR I. B. P. DE MOLIERE.

Representée pour le Roy à saint Germain en Laye, au mois de Février 1670. sous le titre du Divertissement Royal.

PERSONNAGES
de la Comedie.

ARISTIONE PRINCESSE, Mere d'Eriphile.

ERIPHILE, Fille de la Princesse.

CLEONICE, Confidente d'Eriphile.

CHOREBE, de la suite de la Princesse.

IPHICRATE,
TIMOCLES, } Amans magnifiques.

SOSTRATE, General d'Armée, Amant d'Eriphile.

CLITIDAS, Plaisant de Cour, de la suite d'Eriphile.

ANAXARQUE, Astrologue.

CLEON, Fils d'Anaxarque.

UNE FAUSSE VENUS, d'intelligence avec Anaxarque.

La Scene est en Thessalie, dans la délicieuse Vallée de Tempé.

AVANT-PROPOS.

LE ROY qui ne veut que des choses extraordinaires dans tout ce qu'il entreprend, s'est proposé de donner à sa Cour un Divertissement qui fût composé de tous ceux que le Theatre peut fournir; & pour embrasser cette vaste Idée, & enchaîner ensemble tant de choses diverses, SA MAJESTÉ a choisi pour sujet deux Princes Rivaux, qui dans le champestre sejour de la Vallée de Tempé, où l'on doit celebrer la Feste des Jeux Pythiens, regalent à l'envy une jeune Princesse & sa Mere, de toutes les galanteries dont ils se peuvent aviser.

PREMIER INTERMEDE.

LE Theatre s'ouvre à l'agreable bruit de quantité d'Instrumens, & d'abord il offre aux yeux une vaste Mer, bordée de chaque costé de quatre grands Rochers, dont le sommet porte chacun un Fleuve, accoudé sur les marques de ces sortes de Deitez. Au pied de ces Rochers sont douze Tritons de chaque costé, & dans le milieu de la Mer quatre Amours montez sur des Dauphins, & derriere eux le Dieu Æole élevé au dessus des Ondes sur un petit nüage. Æole commande aux Vents de se retirer, & tandis que quatre Amours, douze Tritons, & huit Fleuves luy répondent, la Mer se calme, & du milieu des Ondes on voit s'élever une Isle. Huit Pescheurs sortent du fond de la Mer avec des nacres de Perles, & des branches de Corail, & aprés une Dance agreable vont se placer chacun sur un Rocher au dessous d'un Fleuve. Le Chœur de la Musique annonce la venuë de Neptune, & tandis que ce Dieu dance avec sa suite, les Pescheurs, les Tritons, & les Fleuves accompagnent ses pas de gestes differents, & de bruit de conques de Perles. Tout ce Spectacle est une Magnifique Galanterie, dont l'un des Princes regale sur la Mer la promenade des Princesses.

PREMIERE ENTRE'E DE BALLET.

NEPTUNE, & six Dieux Marins.

DEUXIE'ME ENTRE'E DE BALLET.

Huit Pescheurs de Corail.

Vers chantez.

RECIT D'ÆOLE.

Vents, qui troublez les plus beaux jours,
Rentrez dans vos grotes profondes;
Et laissez regner sur les ondes
Les Zephirs & les Amours.

Un Triton.

Quels beaux yeux ont percé nos demeures humides?
Venez, venez Tritons, cachez-vous Nereïdes,

Tous les Tritons.

Allons tous au devant de ces Divinitez,
Et rendons par nos chants hommage à leurs beautez.

Un Amour.

Ah que ces Princesses sont belles!

Un autre Amour.

Quels sont les cœurs qui ne s'y rendroient pas?

Un autre Amour.

La plus belle des Immortelles,
Nostre Mere, a bien moins d'appas.

Chœur.

Allons tous au devant de ces Divinitez,
Et rendons par nos chants hommage à leurs beautez.

Un Triton.

Quel noble spectacle s'avance !
Neptune le grand Dieu, Neptune avec sa Cour
Vient honorer ce beau jour
De son Auguste presence.

Chœur.

Redoublons nos Concerts,
Et faisons retentir dans le vague des Airs
Nostre réjouïssance.

POUR LE ROY, representant NEPTUNE.

LE Ciel entre les Dieux les plus considerez
Me donne pour partage un rang considera-
ble,
Et me faisant regner sur les flots azurez.
Rend à tout l'Univers mon pouvoir redoutable.

Il n'est aucune terre à me bien regarder
Qui ne doive trembler que je ne m'y répande ;
Point d'Etats qu'à l'instant je ne puisse inon-
der
Des flots impetueux que mon pouvoir commande.

Rien n'en peut arrester le fier débordement,
Et d'une triple digue à leur force opposée
On les verroit forcer le ferme empeschement,
Et se faire en tous lieux une ouverture aisée.

Mais je sçay retenir la fureur de ces flots
Par la sage équité du pouvoir que j'exerce,
Et laisser en tous lieux au gré des Matelots
La douce liberté d'un paisible commerce.

On trouve des Ecueils par fois dans mes Etats,
On void quelques Vaisseaux y perir par l'orage :
Mais contre ma puissance on n'en murmure pas,
Et chez moy la Vertu ne fait jamais naufrage.

Pour Monsieur le Grand, representant un Dieu Marin.

L'Empire où nous vivons, est fertile en tresors,
Tous les mortels en foule accourent sur ses bords,
Et pour faire bien-tost une haute fortune,
Il ne faut rien qu'avoir la faveur de Neptune.

Pour le Marquis de Villeroy, representant un Dieu Marin.

SUr la foy de ce Dieu de l'Empire flottant
On peut bien s'embarquer avec toute assurance ;
Les flots ont de l'inconstance ;
Mais le Neptune est constant.

Pour le Marquis de Raſſent, repreſentant un Dieu Marin.

Voguez ſur cette Mer d'un zele inébranlable,
C'eſt le moyen d'avoir Neptune favorable.

LES AMANS MAGNIFIQUES,

COMEDIE.

ACTE PREMIER.

SCENE PREMIERE.

SOSTRATE, CLITIDAS.

CLITIDAS.

L est attaché à ses pensées ?
SOSTRATE.
Non, Sostrate, je ne voy rien où tu puisses avoir recours, & tes maux sont d'une nature à ne te laisser nulle esperance d'en sortir.
CLITIDAS.
Il raisonne tout seul.
SOSTRATE.
Helas !
CLITIDAS.
Voilà des soûpirs qui veulent dire quelque cho-

se, & ma conjecture se trouvera veritable.
SOSTRATE.
Sur quelles chimeres, dy-moy, pourrois-tu bâtir quelque espoir, & que peux-tu envisager que l'affreuse longueur d'une vie mal-heureuse, & des ennuis à ne finir que par la mort.
CLITIDAS.
Cette teste-là est plus embarassée que la mienne?
SOSTRATE.
Ah! mon cœur, ah! mon cœur, où m'avez-vous jetté?
CLITIDAS.
Serviteur, Seigneur Sostrate.
SOSTRATE.
Où vas-tu, Clitidas?
CLITIDAS.
Mais vous plûtost que faites-vous icy, & quelle secrete mélancholie, quelle humeur sombre, s'il vous plaist, vous peut retenir dans ces Bois, tandis que tout le monde a couru en foule à la magnificence de la Feste, dont l'amour du Prince Iphicrate vient de regaler sur la Mer la promenade des Princesses; tandis qu'elles y ont receu des Cadeaux merveilleux de Musique, & de dance, & qu'on a veu les Rochers & les Ondes se parer de Divinitez pour faire honneur à leurs attraits?
SOSTRATE.
Je me figure assez sans la voir cette magnificence, & tant de gens d'ordinaire s'empressent à porter de la confusion dans ces sortes de Festes, que j'ay crû à propos de ne pas augmenter le nombre des importuns.
CLITIDAS.
Vous sçavez que vostre presence ne gaste jamais rien, & que vous n'estes point de trop en quelque

lieu que vous soyez. Voſtre viſage eſt bien venu par tout, & il n'a garde d'eſtre de ces viſages diſgraciez, qui ne ſont jamais bien receus des regards Souverains. Vous eſtes également bien auprés des deux Princeſſes ; & la Mere, & la Fille vous font aſſez connoiſtre l'eſtime qu'elles font de vous pour n'apprehender pas de fatiguer leurs yeux ; & ce n'eſt pas cette crainte, enfin, qui vous a retenu.

SOSTRATE.
J'avoüe que je n'ay pas naturellement grande curioſité pour ces ſortes de choſes.

CLITIDAS.
Mon Dieu ! quand on n'auroit nulle curioſité pour les choſes, on en a toûjours pour aller où l'on trouve tout le monde, & quoy que vous puiſſiez dire, on ne demeure point tout ſeul pendant une Feſte à reſver parmy des Arbres comme vous faites, à moins d'avoir en teſte quelque choſe qui embaraſſe.

SOSTRATE.
Que voudrois-tu que j'y puſſe avoir ?

CLITIDAS.
Oüais, je ne ſçay d'où cela vient, mais il ſent icy l'amour ; ce n'eſt pas moy. Ah ! par ma foy c'eſt vous.

SOSTRATE.
Que tu es fou, Clitidas.

CLITIDAS.
Je ne ſuis point fou, vous eſtes amoureux, j'ay le nez délicat, & j'ay ſenty cela d'abord.

SOSTRATE.
Sur quoy prens-tu cette penſée.

CLITIDAS.
Surquoy ? vous ſeriez bien étonné ſi je vous diſois encore de qui vous eſtes amoureux.

SOSTRATE.

Moy ?

CLITIDAS.

Oüy, je gage que je vais deviner tout à l'heure celle que vous aymez. J'ay mes secrets aussi bien que nostre Astrologue, dont la Princesse Aristione est entestée ; & s'il a la science de lire dans les Astres la fortune des hommes, j'ay celle de lire dans les yeux le nom des personnes qu'on ayme. Tenez-vous un peu, & ouvrez les yeux. E, par soy, e, r, i, ri, eri, p, h, i, phi, eriphi, l, e, le, eriphile. Vous estes amoureux de la Princesse Eriphile.

SOSTRATE.

Ah ! Clitidas, j'avouë que je ne puis cacher mon trouble, & tu me frappes d'un coup de foudre.

CLITIDAS.

Vous voyez si je suis sçavant ?

SOSTRATE.

Helas ! si par quelque avanture tu as pû découvrir le secret de mon cœur, je te conjure au moins de ne le reveler à qui que ce soit, & sur tout de le tenir caché à la belle Princesse, dont tu viens de dire le nom.

CLITIDAS.

Et serieusement parlant, si dans vos actions j'ay bien pû connoistre depuis un temps la passion que vous voulez tenir secrete, pensez-vous que la Princesse Eriphile puisse avoir manqué de lumiere pour s'en appercevoir ? Les belles, croyez-moy, sont toûjours les plus clair-voyantes à découvrir les ardeurs qu'elles causent, & le langage des yeux & des soûpirs se fait entendre mieux qu'à tout autre à celles à qui il s'adresse.

SOSTRATE.

Laissons-la, Clitidas, laissons-la voir si elle peut
dans

COMEDIE.

dans mes soûpirs & mes regards l'amour que ses charmes m'inspirent, mais gardons bien que par nulle autre voye elle en apprenne jamais rien.

CLITIDAS.

Et qu'apprehendez-vous ? est-il possible que ce mesme Sostrate qui n'a pas craint, ny Brennus, ny tous les Gaulois ; & dont le bras a si glorieusement contribué à nous défaire de ce déluge de Barbares qui ravageoit la Grece ? Est-il possible, dis-je, qu'un homme si asseuré dans la guerre soit si timide en amour, & que je le voye trembler à dire seulement qu'il ayme ?

SOSTRATE.

Ah ! Clitidas, je tremble avec raison, & tous les Gaulois du monde ensemble sont bien moins redoutables, que deux beaux yeux pleins de charmes.

CLITIDAS.

Je ne suis pas de cet avis, & je sçay bien pour moy qu'un seul Gaulois l'épée à la main, me feroit beaucoup plus trembler que cinquante beaux yeux ensemble les plus charmans du monde. Mais dites-moy un peu qu'esperez-vous faire ?

SOSTRATE.

Mourir sans déclarer ma passion.

CLITIDAS.

L'esperance est belle. Allez, allez, vous vous moc-quez, un peu de hardiesse reüssit toûjours aux Amans ; il n'y a en amour que les honteux qui perdent, & je dirois ma passion à une Déesse moy, si j'en devenois amoureux.

SOSTRATE.

Trop de choses, helas ! condamnent mes feux à un éternel silence ?

CLITIDAS.

Hé, quoy ?

Tome VIII.   B

SOSTRATE.

La bassesse de ma fortune, dont il plaist au Ciel de rabatre l'ambition de mon amour, le rang de la Princesse qui met entre-elle & mes desirs une distance si fâcheuse, la concurrence de deux Princes appuyez de tous les grands titres qui peuvent soûtenir les pretentions de leurs flâmes ; de deux Princes, qui par mille & mille magnificences se disputent à tous momens la gloire de sa conqueste, & sur l'amour de qui on attend tous les jours de voir son choix se déclarer, mais plus que tout, Clitidas, le respect inviolable où ses beaux yeux assujettissent toute la violence de mon ardeur.

CLITIDAS.

Le respect bien souvent n'oblige pas tant que l'amour, & je me trompe fort, ou la jeune Princesse a connu vostre flâme, & n'y est pas insensible.

SOSTRATE.

Ah ! ne t'avises point de vouloir flater par pitié le cœur d'un miserable.

CLITIDAS.

Ma conjecture est fondée, je luy voy reculer beaucoup le choix de son époux, & je veux éclaircir un peu cette petite affaire-là. Vous sçavez que je suis auprés d'elle en quelque espece de faveur, que j'y ay les accés ouverts, & qu'à force de me tourmenter je me suis acquis le privilege de me mesler à la conversation, & parler à tort & à travers de toutes choses. Quelquefois cela ne me reüssit pas, mais quelquefois aussi cela me reüssit. Laissez-moy faire, je suis de vos amis, les gens de merite me touchent, & je veux prendre mon temps pour entretenir la Princesse de....

SOSTRATE.

Ah ! de grace quelque bonté que mon mal-heur t'inspire, garde-toy bien de luy rien dire de ma

flâme. J'aymerois mieux mourir que de pouvoir estre accusé par elle de la moindre temerité, & ce profond respect où ses charmes divins....
CLITIDAS.
Taisons-nous, voicy tout le monde.

SCENE II.

ARISTIONE, IPHICRATE, TIMOCLES, ANAXARQUE, CLEON.

ARISTIONE.

Prince, je ne puis me lasser de le dire, il n'est point de spectacle au monde qui puisse le disputer en magnificence à celuy que vous venez de nous donner. Cette Feste a eu des ornemens qui l'emportent sans doute sur tout ce que l'on sçauroit voir, & elle vient de produire à nos yeux quelque chose de si noble, de si grand, & de si majestueux, que le Ciel mesme ne sçauroit aller au delà, & je puis dire assurement qu'il n'y a rien dans l'Univers qui s'y puisse égaler.

TIMOCLES.

Ce sont des ornemens dont on ne peut pas esperer que toutes les Festes soient embellies, & je dois fort trembler, Madame, pour la simplicité du petit divertissement que je m'appreste à vous donner dans le Bois de Diane.

ARISTIONE.

Je croy que nous n'y verrons rien que de fort agreable, & certes il faut avoüer que la campagne a lieu de nous paroistre belle, & que nous n'avons pas le temps de nous ennuyer dans cét agreable sejour qu'ont celebré tous les Poëtes sous le nom de Tempé. Car enfin, sans parler des plaisirs de la Chasse que nous y prenons à toute heure, & de la solemnité des jeux Pythiens que l'on y celebre tantost, vous prenez soin l'un & l'autre de nous y combler de tous les divertissemens qui peuvent charmer les chagrins des plus mélancholiques. D'où vient, Sostrate, qu'on ne vous a point veu dans nostre promenade?

SOSTRATE.
Une petite indisposition, Madame, m'a empesché de m'y trouver.

IPHICRATE.
Sostrate est de ces gens, Madame, qui croyent qu'il ne sied pas bien d'estre curieux comme les autres, & il est beau d'affecter de ne pas courir où tout le monde court?

SOSTRATE.
Seigneur, l'affectation n'a gueres de part à tout ce que je fais, & sans vous faire compliment, il y avoit des choses à voir dans cette Feste, qui pouvoient m'attirer, si quelque autre motif ne m'avoit retenu.

ARISTIONE.
Et Clitidas a-t-il veu cela?

CLITIDAS.
Oüy, Madame, mais du Rivage.

ARISTIONE.
Et pourquoy du Rivage?

CLITIDAS.
Ma foy, Madame, j'ay craint quelqu'un des accidens qui arrivent d'ordinaire dans ces confusions. Cette nuit j'ay songé de Poisson mort, & d'œufs cassez, & j'ay appris du Seigneur Anaxarque, que les œufs cassez & le Poisson mort signifient mal-encontre.

COMEDIE.
ANAXARQUE.
Je remarque une chose, que Clitidas n'auroit rien à dire s'il ne parloit de moy.
CLITIDAS.
C'est qu'il y a tant de choses à dire de vous, qu'on n'en sçauroit parler assez.
ANAXARQUE.
Vous pourriez prendre d'autres matieres, puisque je vous en ay prié.
CLITIDAS.
Le moyen, ne dites-vous pas que l'ascendant est plus fort que tout; & s'il est écrit dans les Astres que je sois enclin à parler de vous, comment voulez-vous que je resiste à ma destinée?
ANAXARQUE.
Avec tout le respect, Madame, que je vous dois, il y a une chose qui est fâcheuse dans vostre Cour que tout le monde y prenne liberté de parler, & que le plus honneste-homme y soit exposé aux railleries du premier méchant plaisant.
CLITIDAS.
Je vous rends grace de l'honneur.
ARISTIONE.
Que vous estes fou, de vous chagriner de ce qu'il dit.
CLITIDAS.
Avec tout le respect que je dois à Madame, il y a une chose qui m'étonne dans l'Astrologie, comment des gens qui sçavent tous les secrets des Dieux, & qui possedent des connoissances à se mettre au dessus de tous les hommes, ayent besoin de faire leur Cour, & de demander quelque chose.
ANAXARQUE.
Vous devriez gagner un peu mieux vostre argent, & donner à Madame de meilleures plaisanteries.

CLITIDAS.

Ma foy, on les donne telles qu'on peut. Vous en parlez fort à voftre ayfe, & le meftier de plaifant n'eft pas comme celuy d'Aftrologue. Bien mentir, & bien plaifanter font deux chofes fort differentes, & il eft bien plus facile de tromper les gens, que de les faire rire.

ARISTIONE.

Eh! qu'eft-ce donc que cela veut dire?

CLITIDAS *se parlant à luy-mefme.*

Paix, impertinent que vous eftes. Ne fçavez-vous pas bien que l'Aftrologie eft une affaire d'Eftat, & qu'il ne faut point toucher à cette corde-là. Je vous l'ay dit plufieurs fois, vous vous émancipez trop, & vous prenez de certaines libertez qui vous joüeront un mauvais tour; je vous en avertis. Vous verrez qu'un de ces jours on vous donnera du pied au cul, & qu'on vous chaffera comme un faquin, taifez-vous fi vous eftes fage.

ARISTIONE.

Où eft ma Fille?

TIMOCLES.

Madame, elle s'eft écartée, & je luy ay prefenté une main qu'elle a refufé d'accepter.

ARISTIONE.

Princes, puifque l'amour que vous avez pour Eriphile, a bien voulu fe foûmettre aux loix que j'ay voulu vous impofer, puifque j'ay fçeu obtenir de vous que vous fuffiez Rivaux fans devenir ennemis, & qu'avec pleine foûmiffion aux fentimens de ma Fille, vous attendez un choix dont je l'ay faite feule maiftreffe; ouvrez-moy tous deux le fond de voftre ame, & me dites fincerement quel progrez vous croyez l'un & l'autre avoir fait fur fon cœur.

TIMOCLES.

Madame, je ne suis point pour me flater, j'ay fait ce que j'ay pû pour toucher le cœur de la Princesse Eriphile, & je m'y suis pris que je croy de toutes les tendres manieres, dont un Amant se peut servir. Je luy ay fait des hommages soûmis de tous mes vœux ; j'ay montré des assiduitez ; j'ay rendu des soins chaque jour ; j'ay fait chanter ma passion aux voix les plus touchantes, & l'ay fait exprimer en Vers aux plumes les plus délicates ; je me suis plaint de mon martyre en des termes passionnez ; j'ay fait dire à mes yeux aussi bien qu'à ma bouche le desespoir de mon amour ; j'ay poussé à ses pieds des soûpirs languissants ; j'ay mesme répandu des larmes, mais tout cela inutilement, & je n'ay point connu qu'elle ait dans l'ame aucun ressentiment de mon ardeur.

ARISTIONE.

Et vous Prince ?

IPHICRATE.

Pour moy, Madame, connoissant son indifference, & le peu de cas qu'elle fait des devoirs qu'on luy rend, je n'ay voulu perdre auprés d'elle, ny plaintes, ny soûpirs, ny larmes. Je sçay qu'elle est toute soûmise à vos volontez, & que ce n'est que de vostre main seule qu'elle voudra prendre un époux. Aussi n'est-ce qu'à vous que je m'adresse pour l'obtenir, à vous plûtost qu'à elle que je rends tous mes soins & tous mes hommages. Et plust au Ciel, Madame, que vous eussiez pû vous resoudre à tenir sa place ; que vous eussiez voulu joüir des conquestes que vous luy faites, & recevoir pour vous les vœux que vous luy renvoyez.

ARISTIONE.

Prince, le compliment est d'un Amant adroit, & vous avez entendu dire qu'il faloit cajoler les meres pour obtenir les filles ; mais icy par malheur tout cela devient inutile, & je me suis engagée à laisser le choix tout entier à l'inclination de ma fille.

IPHICRATE.

Quelque pouvoir que vous luy donniez pour ce choix, ce n'est point compliment, Madame, que ce que je vous dy. Je ne recherche la Princesse Eriphile, que parce qu'elle est vostre sang ; je la trouve charmante par tout ce qu'elle tient de vous, & c'est vous que j'adore en elle.

ARISTIONE.

Voilà qui est fort bien.

IPHICRATE.

Oüy, Madame, toute la terre voit en vous des attraits & des charmes que je....

ARISTIONE.

De grace, Prince, ostons ces charmes & ces attraits, vous sçavez que ce sont des mots que je retranche des complimens qu'on me veut faire. Je souffre qu'on me loüe de ma sincerité, qu'on dise que je suis une bonne Princesse, que j'ay de la parole pour tout le monde, de la chaleur pour mes amis, & de l'estime pour le merite & la vertu, je puis taster de tout cela ; mais pour les douceurs de charmes & d'attraits je suis bien ayse qu'on ne m'en serve point, & quelque verité qui s'y pust rencontrer, on doit faire quelque scrupule d'en goûter la loüange, quand on est mere d'une fille comme la mienne.

IPHICRATE.

Ah ! Madame, c'est vous qui voulez estre mere malgré tout le monde, il n'est point d'yeux qui
ne

ne s'y opposent, & si vous le vouliez la Princesse
Eriphile ne seroit que vostre sœur.
ARISTIONE.
Mon Dieu, Prince, je ne donne point dans tous
ces galimatias où donnent la pluspart des Femmes; je veux estre mere, parce que je la suis, &
ce seroit en vain que je ne la voudrois pas estre.
Ce titre n'a rien qui me choque, puisque de mon
consentement je me suis exposée à le recevoir,
c'est un foible de nostre sexe, dont grace au Ciel
je suis exempte; & je ne m'embarasse point de ces
grandes disputes d'âge surquoy nous voyons tant
de folles. Revenons à nostre discours. Est-il possible que jusqu'icy vous n'ayez pû connoistre où
panche l'inclination d'Eriphile?
IPHICRATE.
Ce sont obscuritez pour moy.
TIMOCLES.
C'est pour moy un mystere impenetrable.
ARISTIONE.
La pudeur peut-estre l'empesche de s'expliquer à
vous & à moy, servons-nous de quelque autre
pour découvrir le secret de son cœur. Sostrate,
prenez de ma part cette commission, & rendez
cet office à ces Princes, de sçavoir adroitement de
ma Fille vers qui des deux ses sentimens peuvent
tourner.
SOSTRATE.
Madame, vous avez cent personnes dans vostre
Cour, sur qui vous pourriez mieux verser l'honneur d'un tel employ, & je me sens mal propre à
bien executer ce que vous souhaitez de moy.
ARISTIONE.
Vostre merite, Sostrate, n'est point borné aux seuls
emplois de la guerre, vous avez de l'esprit, de la
conduite, de l'adresse, & ma Fille fait cas de vous.

LES AMANS MAGNIFIQUES,
SOSTRATE.
Quelqu'autre mieux que moy, Madame....
ARISTIONE.
Non, non, en vain, vous vous en défendez.
SOSTRATE.
Puisque vous le voulez, Madame, il vous faut obeïr, mais je vous jure que dans toute vostre Cour vous ne pouviez choisir personne qui ne fust en estat de s'acquiter beaucoup mieux que moy d'une telle commission.
ARISTIONE.
C'est trop de modestie, & vous vous acquiterez toûjours bien de toutes les choses dont on vous chargera. Découvrez doucement les sentimens d'Eriphile, & faites la resouvenir qu'il faut se rendre de bonne-heure dans le Bois de Diane.

SCENE III.
IPHICRATE, TIMOCLES, CLITIDAS, SOSTRATE.

IPHICRATE.
Vous pouvez croire que je prends part à l'estime que la Princesse vous témoigne.
TIMOCLES.
Vous pouvez croire, que je suis ravy du choix que l'on a fait de vous.
IPHICRATE.
Vous voilà en estat de servir vos amis.
TIMOCLES.
Vous avez dequoy rendre de bons offices aux gens qu'il vous plaira.

COMEDIE.
IPHICRATE.
Je ne vous recommande point mes interests.
TIMOCLES.
Je ne vous dy point de parler pour moy.
SOSTRATE.
Seigneurs, il seroit inutile, j'aurois tort de passer les ordres de ma commission, & vous trouverez bon que je ne parle, ny pour l'un, ny pour l'autre.
IPHICRATE.
Je vous laisse agir comme il vous plaira.
TIMOCLES.
Vous en userez comme vous voudrez.

SCENE IV.
IPHICRATE, TIMOCLES, CLITIDAS.

IPHICRATE.
Clitidas se resouvient bien qu'il est de mes amis, je luy recommande toûjours de prendre mes interests auprés de sa Maistresse, contre ceux de mon Rival.
CLITIDAS.
Laissez-moy faire, il y a bien de la comparaison de luy à vous, & c'est un Prince bien bâty pour vous le disputer.
IPHICRATE.
Je reconnoistray ce service.
TIMOCLES.
Mon Rival fait sa Cour à Clitidas, mais Clitidas sçait bien qu'il m'a promis d'appuyer contre luy les pretentions de mon amour.

CLITIDAS.

Aſſurement, & il ſe mocque de croire l'emporter ſur vous ; voilà auprés de vous un beau petit morveux de Prince.

TIMOCLES.

Il n'y a rien que je ne faſſe pour Clitidas.

CLITIDAS.

Belles paroles de tous côtez. Voicy la Princeſſe, prenons mon temps pour l'aborder.

SCENE V.

ERIPHILE, CLEONICE.

CLEONICE.

ON trouvera étrange, Madame, que vous vous ſoyez ainſi écartée de tout le monde.

ERIPHILE.

Ah ! qu'aux perſonnes comme nous qui ſommes toûjours accablées de tant de gens, un peu de ſolitude eſt parfois agreable, & qu'aprés mille impertinents entretiens, il eſt doux de s'entretenir avec ſes penſées. Qu'on me laiſſe icy promener toute ſeule.

CLEONICE.

Ne voudriez-vous pas, Madame, voir un petit eſſay de la diſpoſition de ces gens admirables qui veulent ſe donner à vous ? Ce ſont des perſonnes, qui par leurs pas, leurs geſtes, & leurs mouvemens expriment aux yeux toutes choſes ; & on appelle cela, Pantomimes. J'ay tremblé à vous dire ce mot, & il y a des gens dans voſtre Cour qui ne me le pardonneroient pas.

COMEDIE.

ERIPHILE.
Vous avez bien la mine, Cleonice, de me venir icy regaler d'un mauvais divertissement; car grace au Ciel vous ne manquez pas de vouloir produire indifferemment tout ce qui se presente à vous, & vous avez une affabilité qui ne rejete rien. Aussi est-ce à vous seule qu'on voit avoir recours, toutes les Muses necessitantes; vous estes la grande protectrice du merite incommodé, & tout ce qu'il y a de vertueux indigens au monde va débarquer chez-vous.

CLEONICE.
Si vous n'avez pas envie de les voir, Madame, il ne faut que les laisser-là.

ERIPHILE.
Non, non, voyons les, faites-les venir.

CLEONICE.
Mais peut-estre, Madame, que leur dance sera méchante.

ERIPHILE.
Méchante, ou non, il la faut voir; ce ne seroit avec vous que reculer la chose, & il vaut mieux en estre quitte.

CLEONICE.
Ce ne sera icy, Madame, qu'une dance ordinaire, une autre fois....

ERIPHILE.
Point de preambule, Cleonice, qu'ils dancent.

Fin du premier Acte.

C iij

SECOND INTERMEDE.

La Confidente de la jeune Princesse luy produit trois danceurs, sous le nom de Pantomimes ; c'est à dire qui expriment par leurs gestes toutes sortes de choses. La Princesse les voit dancer, & les reçoit à son service.

ENTRÉE DE BALLET

De trois Pantomimes.

ACTE II.

SCENE PREMIERE.

ERIPHILE, CLEONICE, CLITIDAS.

ERIPHILE.

OILA qui est admirable : je ne croy pas qu'on puisse mieux dancer qu'ils dancent, & je suis bien aise de les avoir à moy.

CLEONICE.

Et moy, Madame, je suis bien aise que vous ayez veu que je n'ay pas si méchant goust que vous avez pensé.

ERIPHILE.

Ne triomphez point tant, vous ne tarderez guere à me faire avoir ma revanche, qu'on me laisse icy.

CLEONICE.

Je vous avertis, Clitidas, que la Princesse veut estre seule.

CLITIDAS.

Laissez-moy faire, je suis homme qui sçais ma Cour.

SCENE II.

ERIPHILE, CLITIDAS.

CLITIDAS *fait semblant de chanter.*

La, la, la, la, ah !
ERIPHILE.
Clitidas.
CLITIDAS.
Je ne vous avois pas veu-là, Madame.
ERIPHILE.
Approche. D'où viens-tu ?
CLITIDAS.
De laisser la Princesse vostre Mere qui s'en alloit vers le Temple d'Apollon, accompagnée de beaucoup de gens.
ERIPHILE.
Ne trouves-tu pas ces lieux les plus charmans du monde ?
CLITIDAS.
Assurement. Les Princes vos Amans y estoient.
ERIPHILE.
Le Fleuve Pénée fait icy d'agreables détours.
CLITIDAS.
Fort agreables. Sostrate y estoit aussi.
ERIPHILE.
D'où vient qu'il n'est pas venu à la promenade ?
CLITIDAS.
Il a quelque chose dans la teste qui l'empesche de prendre plaisir à tous ces beaux regales. Il m'a voulu entretenir, mais vous m'avez défendu si expressément de me charger d'aucune affaire au-

prés de vous, que je n'ay point voulu luy prester l'oreille, & je luy ay dit nettement que je n'avois pas le loisir de l'entendre.

ERIPHILE.
Tu as eu tort de luy dire cela, & tu devois l'écouter.

CLITIDAS.
Je luy ay dit d'abord que je n'avois pas le loisir de l'entendre, mais aprés je luy ay donné audience.

ERIPHILE.
Tu as bien fait.

CLITIDAS.
En verité c'est un homme qui me revient, un homme fait comme je veux que les hommes soyent faits. Ne prenant point des manieres bruyantes & des tons de voix assommans ; sage & posé en toutes choses, ne parlant jamais que bien à propos ; point prompt à décider ; point du tout exagerateur incommode ; & quelques beaux Vers que nos Poëtes luy ayent recité, je ne luy ay jamais oüy dire voilà qui est plus beau que tout ce qu'a jamais fait Homere. Enfin, c'est un homme pour qui je me sens de l'inclination, & si j'estois Princesse il ne seroit pas mal-heureux.

ERIPHILE.
C'est un homme d'un grand merite assurement, mais dequoy t'a-t-il parlé.

CLITIDAS.
Il m'a demandé si vous aviez témoigné grande joye au magnifique regale que l'on vous a donné; m'a parlé de vostre personne avec des transports les plus grands du monde, vous a mise au dessus du Ciel, & vous a donné toutes les loüanges qu'on peut donner à la Princesse la plus accomplie de la terre, entremeslant tout cela de plusieurs sou-

pirs qui difoient plus qu'il ne vouloit. Enfin, à force de le tourner de tous côtez, & de le preſſer ſur la cauſe de cette profonde mélancholie, dont toute la Cour s'apperçoit, il a eſté contraint de m'avoüer qu'il eſtoit amoureux.

ERIPHILE.

Comment amoureux ? quelle temerité eſt la ſienne ? c'eſt un extravagant que je ne verray de ma vie.

CLITIDAS.

Dequoy vous plaignez-vous, Madame ?

ERIPHILE.

Avoir l'audace de m'aymer, & de plus avoir l'audace de le dire ?

CLITIDAS.

Ce n'eſt pas vous, Madame, dont il eſt amoureux.

ERIPHILE.

Ce n'eſt pas moy ?

CLITIDAS.

Non, Madame, il vous reſpecte trop pour cela, & eſt trop ſage pour y penſer.

ERIPHILE.

Et de qui donc, Clitidas ?

CLITIDAS.

D'une de vos Filles la jeune Arſinoé.

ERIPHILE.

A-t-elle tant d'appas, qu'il n'ait trouvé qu'elle digne de ſon amour ?

CLITIDAS.

Il l'ayme éperduëment, & vous conjure d'honorer ſa flâme de voſtre protection.

ERIPHILE.

Moy ?

CLITIDAS.

Non, non, Madame, je voy que la choſe ne vous

plaist pas. Vostre colere m'a obligé à prendre ce détour, & pour vous dire la verité, c'est vous qu'il ayme éperduëment.

ERIPHILE.

Vous estes un insolent de venir ainsi surprendre mes sentimens. Allons, sortez d'icy, vous vous meslez de vouloir lire dans les ames; de vouloir penetrer dans les secrets du cœur d'une Princesse. Ostez-vous de mes yeux, & que je ne vous voye jamais, Clitidas.

CLITIDAS.

Madame.

ERIPHILE.

Venez icy. Je vous pardonne cette affaire-là.

CLITIDAS.

Trop de bonté, Madame.

ERIPHILE.

Mais à condition, prenez bien garde à ce que je vous dy, que vous n'en ouvrirez la bouche à personne du monde sur peine de la vie.

CLITIDAS.

Il suffit.

ERIPHILE.

Sostrate t'a donc dit qu'il m'aymoit?

CLITIDAS.

Non, Madame, il faut vous dire la verité; j'ay tiré de son cœur par surprise un secret qu'il veut cacher à tout le monde, & avec lequel il est, dit-il, resolu de mourir. Il a esté au desespoir du vol subtil que je luy en ay fait, & bien loin de me charger de vous le découvrir, il m'a conjuré avec toutes les instantes prieres qu'on sçauroit faire, de ne vous en rien reveler, & c'est trahison contre luy que ce que je viens de vous dire.

ERIPHILE.

Tant mieux, c'est par son seul respect qu'il peut

LES AMANS MAGNIFIQUES,

me plaire, & s'il estoit si hardy que de me déclarer son amour, il perdroit pour jamais, & ma presence, & mon estime.

CLITIDAS.

Ne craignez point, Madame.....

ERIPHILE.

Le voicy ; souvenez-vous au moins si vous estes sage de la défence que je vous ay faite.

CLITIDAS.

Cela est fait, Madame, il ne faut pas estre Courtisan indiscret.

SCENE III.

SOSTRATE, ERIPHILE.

SOSTRATE.

J'Ay une excuse, Madame, pour oser interrompre vostre solitude, & j'ay reçeu de la Princesse vostre Mere une commission qui authorise la hardiesse que je prends maintenant.

ERIPHILE.

Quelle commission, Sostrate?

SOSTRATE.

Celle, Madame, de tâcher d'apprendre de vous vers lequel des deux Princes peut incliner vostre cœur.

ERIPHILE.

La Princesse ma Mere montre un esprit judicieux dans le choix qu'elle a fait de vous pour un pareil employ. Cette commission, Sostrate, vous a esté agreable sans doute, & vous l'avez acceptée avec beaucoup de joye.

COMEDIE.
SOSTRATE.
Je l'ay acceptée, Madame, par la necessité que mon devoir m'impose d'obeïr, & si la Princesse avoit voulu recevoir mes excuses, elle auroit honoré quelqu'autre de cet employ.
ERIPHILE.
Quelle cause, Sostrate, vous obligeoit à le refuser ?
SOSTRATE.
La crainte, Madame, de m'en acquiter mal.
ERIPHILE.
Croyez-vous que je ne vous estime pas assez pour vous ouvrir mon cœur, & vous donner toutes les lumieres que vous pourrez desirer de moy sur le sujet de ces deux Princes ?
SOSTRATE.
Je ne desire rien pour moy là-dessus, Madame, & je ne vous demande que ce que vous croirez devoir donner aux ordres qui m'amenent.
ERIPHILE.
Jusques-icy je me suis défenduë de m'expliquer, & la Princesse ma Mere a eu la bonté de souffrir que j'aye reculé toûjours ce choix qui me doit engager ; mais je feray bien aise de témoigner à tout le monde que je veux faire quelque chose pour l'amour de vous, & si vous m'en pressez je rendray cet arrest qu'on attend depuis si long-temps.
SOSTRATE.
C'est une chose, Madame, dont vous ne serez point importunée par moy, & je ne sçaurois me resoudre à presser une Princesse qui sçait trop ce qu'elle a à faire.
ERIPHILE.
Mais c'est ce que la Princesse ma Mere attend de vous.

SOSTRATE.

Ne luy ay-je pas dit aussi que je m'acquiterois mal de cette commission?

ERIPHILE.

O ça, Sostrate, les gens comme vous ont toujours les yeux penetrans, & je pense qu'il ne doit y avoir gueres de choses qui échapent aux vostres. N'ont-ils pû découvrir, vos yeux, ce dont tout le monde est en peine, & ne vous ont-ils point donné quelques petites lumieres du panchant de mon cœur? Vous voyez les soins qu'on me rend, l'empressement qu'on me témoigne; quel est celuy de ces deux Princes que vous croyez que je regarde d'un œil plus doux?

SOSTRATE.

Les doutes que l'on forme sur ces sortes de choses, ne sont reglez d'ordinaire que par les interests qu'on prend.

ERIPHILE.

Pour qui, Sostrate, pancheriez-vous des deux? quel est celuy, dites-moy, que vous souhaiteriez que j'épousasse?

SOSTRATE.

Ah! Madame, ce ne seront pas mes souhaits, mais vostre inclination qui décidera de la chose.

ERIPHILE.

Mais si je me conseillois à vous pour ce choix.

SOSTRATE.

Si vous vous conseilliez à moy, je serois fort embarassé.

ERIPHILE.

Vous ne pourriez pas dire qui des deux vous semble plus digne de cette preference?

SOSTRATE.

Si l'on s'en rapporte à mes yeux, il n'y aura personne qui soit digne de cet honneur. Tous les

Princes du monde seront trop peu de chose pour aspirer à vous, les Dieux seuls y pourront pretendre, & vous ne souffrirez des hommes que l'encens, & les Sacrifices.

ERIPHILE.

Cela est obligeant, & vous estes de mes amis. Mais je veux que vous me disiez pour qui des deux vous vous sentez plus d'inclination, quel est celuy que vous mettez le plus au rang de vos amis.

SCENE IV.

CHORE'BE, SOSTRATE, ERIPHILE.

CHORE'BE.

MAdame, voilà la Princesse qui vient vous prendre icy, pour aller au Bois de Diane.

SOSTRATE.

Helas ! petit garçon que tu es venu à propos.

SCENE V.

ARISTIONE, IPHICRATE, TIMOCLES, ANAXARQUE, CLITIDAS, SOSTRATE, ERIPHILE.

ARISTIONE.

ON vous a demandée, ma Fille, & il y a des gens que voſtre abſence chagrine fort.

ERIPHILE.

Je penſe, Madame, qu'on m'a demandée par compliment, & on ne s'inquiete pas tant qu'on vous dit.

ARISTIONE.

On enchaîne pour nous icy tant de divertiſſemens les uns aux autres, que toutes nos heures ſont retenuës, & nous n'avons aucun moment à perdre, ſi nous voulons les goûter tous. Entrons viſte dans le Bois, & voyons ce qui nous y attend; ce lieu eſt le plus beau du monde, prenons viſte nos places.

Fin du ſecond Acte.

COMEDIE.

TROISIE'ME INTERMEDE.

LE Theatre est une Forest, où la Princesse est invitée d'aller, une Nymphe luy en fait les honneurs en chantant, & pour la divertir on luy joüe une petite Comedie en Musique, dont voicy le sujet: Un Berger se plaint à deux Bergers ses amis, des froideurs de celle qu'il ayme, les deux amis le consolent; & comme la Bergere aymée arrive, tous trois se retirent pour l'observer: aprés quelque plainte amoureuse elle se repose sur un gazon, & s'abandonne aux douceurs du sommeil; l'Amant fait approcher ses amis pour contempler les graces de sa Bergere, & invite toutes choses à contribüer à son repos. La Bergere en s'éveillant, voit son Berger à ses pieds, se plaint de sa poursuite: Mais considerant sa constance elle luy accorde sa demande, & consent d'en estre aymée en presence des deux Bergers amis: Deux Satyres arrivant se plaignent de son changement, & estant touchez de cette disgrace, cherchent leur consolation dans le vin.

LES PERSONNAGES
de la Pastorale.

La Nymphe de la Vallée de Tempé.
Tircis.
Lycaste.
Menandre.
Caliste.
Deux Satyres.

PROLOGUE.

LA NYMPHE DE TEMPÉ.

Venez grande Princesse avec tous vos appas,
Venez prester vos yeux aux innocens ébas
Que nostre dezert vous presente;
N'y cherchez point l'éclat des Festes de la Cour,
On ne sent icy que l'amour,
Ce n'est que d'amour qu'on y chante.

SCENE PREMIERE.

TIRCIS.

Vous chantez sous ces feüillages,
Doux rossignols pleins d'amour,
Et de vos tendres ramages
Vous réveillez tour à tour
Les échos de ces bocages:
Helas! petits oyseaux, helas!
Si vous aviez mes maux vous ne chanteriez pas.

SCENE DEUXIE'ME.

LICASTE, MENANDRE, TIRCIS.

LICASTE.

Hé' quoy toûjours languissant, sombre, & triste?
MENANDRE.
Hé quoy toûjours aux pleurs abandonné?
TIRCIS.
Toûjours adorant Caliste,
Et toûjours infortuné.
LICASTE.
Domte, domte, Berger, l'ennuy qui te possede.
TIRCIS.
Eh le moyen, hélas!
MENANDRE.
Fais, fais-toy quelque effort.
TIRCIS.
Eh le moyen, helas! quand le mal est trop fort?
LICASTE.
Ce mal trouvera son remede.
TIRCIS.
Je ne gueriray qu'à ma mort.
LICASTE, ET MENANDRE.
Ah Tircis!
TIRCIS.
Ah Bergers.
LICASTE, ET MENANDRE.
Prens sur toy plus d'empire.
TIRCIS.
Rien ne me peut secourir.

LES AMANS MAGNIFIQUES,

LICASTE, ET MENANDRE.
C'est trop, c'est trop ceder.

TIRCIS.
C'est trop, c'est trop souffrir.

LICASTE, ET MENANDRE.
Quelle foiblesse!

TIRCIS.
Quel martyre!

LICASTE, ET MENANDRE.
Il faut prendre courage.

TIRCIS.
Il faut plûtost mourir.

LICASTE.
Il n'est point de Bergere
Si froide, & si severe,
Dont la pressante ardeur
D'un cœur qui persevere
Ne vainque la froideur.

MENANDRE.
Il est dans les affaires
Des amoureux mysteres,
Certains petits momens
Qui changent les plus fieres,
Et font d'heureux Amans.

TIRCIS.
Je la voy, la cruelle,
Qui porte icy ses pas,
Gardons d'estre veu d'elle,
L'Ingrate, helas!
N'y viendroit pas.

SCENE TROISIE'ME.

CALISTE.

AH que sur nostre cœur
La severe Loy de l'honneur
Prend un cruel empire !
Je ne fais voir que rigueurs pour Tircis,
Et cependant sensible à ses cuisans soucis,
De sa langueur en secret je soûpire,
Et voudrois bien soulager son martyre,
C'est à vous seuls que je dis,
Arbres, n'allez pas le redire.
Puisque le Ciel a voulu nous former
Avec un cœur qu'Amour peut enflammer,
Quelle rigueur impitoyable
Contre des traits si doux nous force à nous armer,
Et pourquoy sans estre blâmable
Ne peut-on pas aymer
Ce que l'on trouve aymable ?

Helas ! que vous estes heureux
Innocens Animaux de vivre sans contrainte,
Et de pouvoir suivre sans crainte
Les doux emportemens de vos cœurs amoureux :
Helas ! petits oyseaux que vous estes heureux
De ne sentir nulle contrainte,
Et de pouvoir suivre sans crainte
Les doux emportemens de vos cœurs amoureux.
Mais le sommeil sur ma paupiere
Verse de ses Pavots l'agreable fraischeur,
Donnons-nous à luy toute entiere,
Nous n'avons point de Loy severe
Qui défende à nos sens d'en goûter la douceur.

SCENE QUATRIÈME.

TIRCIS, LICASTE, MENANDRE.

TIRCIS.

Vers ma belle ennemie
Portons sans bruit nos pas,
Et ne réveillons pas
Sa rigueur endormie.

TOUS TROIS.

Dormez, dormez beaux yeux, adorables vainqueurs,
Et goûtez le repos que vous ostez aux cœurs,
Dormez, dormez beaux yeux.

TIRCIS.

Silence, petits oyseaux,
Vents n'agitez nulle chose,
Coulez doucement ruisseaux,
C'est Caliste qui repose.

TOUS TROIS.

Dormez, dormez beaux yeux, adorables vainqueurs,
Et goûtez le repos que vous ostez aux cœurs,
Dormez, dormez beaux yeux.

CALISTE.

Ah quelle peine extrème!
Suivre par tout mes pas.

TIRCIS.

Que voulez-vous qu'on suive, helas!
Que ce qu'on ayme?

COMEDIE.
CALISTE.
Berger que voulez-vous ?
TIRCIS.
Mourir, belle Bergere,
Mourir à vos genoux,
Et finir ma misere,
Puisqu'en vain à vos pieds on me voit soûpirer,
Il y faut expirer.
CALISTE.
Ah Tircis, ostez-vous, j'ay peur que dans ce jour
La pitié dans mon cœur n'introduise l'amour.

LICASTE, ET MENANDRE,
l'un aprés l'autre.

Soit amour, soit pitié,
Il sied bien d'estre tendre;
C'est par trop vous défendre
Bergere, il faut se rendre
A sa longue amitié,
Soit amour, soit pitié,
Il sied bien d'estre tendre.
CALISTE.
C'est trop, c'est trop de rigueur,
J'ay mal-traité vostre ardeur
Cherissant vostre personne,
Vangez-vous de mon cœur
Tircis, je vous le donne.
TIRCIS.
O Ciel ! Bergers ! Caliste ! ah je suis hors de moy
Si l'on meurt de plaisir je dois perdre la vie.
LICASTE.
Digne prix de ta foy.
MENANDRE.
O sort digne d'envie !

SCENE CINQUIÉME.

DEUX SATYRES, TIRCIS, LICASTE, CALISTE.

Premier SATYRE.

Quoy tu me fuis ingrate, & je te vois icy
De ce Berger à moy faire une preference?
Deuxième SATYRE.
Quoy mes soins n'ont rien pû sur ton indifference,
Et pour ce langoureux ton cœur s'est adoucy?
CALISTE.
Le destin le veut ainsi,
Prenez tous deux patience.
Premier SATYRE.
Aux aymans qu'on pousse à bout
L'amour fait verser des larmes :
Mais ce n'est pas nostre goust,
Et la bouteille a des charmes
Qui nous consolent de tout.
Deuxième SATYRE.
Nostre amour n'a pas toûjours
Tout le bon-heur qu'il desire :
Mais nous avons un secours,
Et le bon vin nous fait rire
Quand on rit de nos amours.
Tous.
Champestres Divinitez,
Faunes, Driades, sortez
De vos paisibles retraites ;
Meslez vos pas à nos sons,
Et tracez sur les herbettes
L'image de nos chansons.

COMEDIE.

PREMIERE ENTRÉE DE BALLET.

EN mesme temps six Driades & six Faunes sortent de leurs demeures, & font ensemble une dance agreable, qui s'ouvrant tout d'un coup, laisse voir un Berger & une Bergere, qui font en Musique une petite Scene d'un dépit amoureux.

DEPIT AMOUREUX.

CLIMENE, PHILINTE.

PHILINTE.

Quand je plaisois à tes yeux
J'estois content de ma vie,
Et ne voyois Roy ny Dieux
Dont le sort me fit envie.

CLIMENE.

Lors qu'à toute autre personne
Me preferoit ton ardeur,
J'aurois quitté la Couronne
Pour regner dessus ton cœur.

PHILINTE.

Un autre a guery mon ame
Des feux que j'avois pour toy.

CLIMENE.

Un autre a vangé ma flâme
Des foiblesses de ta foy.

PHILINTE.

Cloris qu'on vante si fort,
Mesme d'une ardeur fidelle,
Si ses yeux vouloient ma mort
Ie mourrois content pour elle.

Tome VIII.

CLIMENE.
Mirtil si digne d'envie,
Me cherit plus que le jour,
Et moy je perdrois la vie
Pour luy montrer mon amour.

PHILINTE.
Mais si d'une douce ardeur
Quelque renaissante trace
Chassoit Cloris de mon cœur
Pour te remettre en sa place.

CLIMENE.
Bien qu'avec pleine tendresse
Mirtil me puisse cherir,
Avec toy, je le confesse,
Ie voudrois vivre & mourir.

TOUS DEUX ENSEMBLE.

Ah plus que jamais aymons-nous,
Et vivons & mourons en des liens si doux.

TOUS LES ACTEURS
de la Comedie chantent.

Amans que vos querelles
Sont aymables & belles,
Qu'on y voit succeder
De plaisirs, de tendresse,
Querellez-vous sans cesse
Pour vous racommoder!

Amans que vos querelles
Sont aymables & belles, &c.

DEUXIE'ME ENTRE'E DE BALLET.

Es Faunes & les Driades recommencent leur dance, que les Bergeres & Bergers Musiciens entre-meslent de leurs Chansons, tandis que trois petites Driades, & trois petits Faunes, font paroistre dans l'enfoncement du Theatre tout ce qui se passe sur le devant.

LES BERGERS, ET BERGERES.

Ouïssons, jouïssons des plaisirs innocens
Dont les feux de l'Amour, sçavent charmer nos sens,
Des grandeurs, qui voudra se soucie,
Tous ces honneurs dont on a tant d'envie,
Ont des chagrins qui sont vieillissans :
Iouïssons, jouïssons des plaisirs innocens
Dont les feux de l'Amour sçavent charmer nos sens.
En aymant tout nous plaist dans la vie,
Deux cœurs unis de leur sort sont contents,
Cette ardeur de plaisirs suivie,
De tous nos jours fait d'éternels printemps :
Iouïssons, jouïssons des plaisirs innocens
Dont les feux de l'Amour sçavent charmer nos sens.

ACTE III.

SCENE PREMIERE.

ARISTIONE, IPHICRATE, TIMOCLES, ANAXARQUE, CLITIDAS, ERIPHILE, SOSTRATE. Suite.

ARISTIONE.

ES mesmes paroles toûjours se presentent à dire. Il faut toûjours s'écrier voilà qui est admirable, il ne se peut rien de plus beau, cela passe tout ce qu'on a jamais veu.

TIMOCLES.

C'est donner de trop grandes paroles, Madame, à de petites bagatelles.

ARISTIONE.

Des bagatelles comme celles-là, peuvent occuper agréablement les plus serieuses personnes. En verité, ma Fille, vous estes bien obligée à ces Princes, & vous ne sçauriez assez reconnoistre tous les soins qu'ils prennent pour vous.

ERIPHILE.

J'en ay, Madame, tout le ressentiment qu'il est possible.

ARISTIONE.

Cependant vous les faites long-temps languir,

sur ce qu'ils attendent de vous ; j'ay promis de ne vous point contraindre, mais leur amour vous presse de vous déclarer, & de ne plus traisner en longueur la recompense de leurs services. J'ay chargé Sostrate d'apprendre doucement de vous les sentimens de vostre cœur, & je ne sçay pas s'il a commencé à s'acquiter de cette commission.

ERIPHILE.

Oüy, Madame, mais il me semble que je ne puis assez reculer ce choix dont on me presse, & que je ne sçaurois le faire sans meriter quelque blâme. Je me sens également obligé à l'amour, aux empressemens, aux services de ces deux Princes, & je trouve une espece d'injustice bien grande à me montrer ingrate, ou vers l'un, ou vers l'autre, par le refus qu'il m'en faudra faire dans la preference de son Rival.

IPHICRATE.

Cela s'appelle, Madame, un fort honneste compliment pour nous refuser tous deux.

ARISTIONE.

Ce scrupule, ma Fille, ne doit point vous inquieter, & ces Princes tous deux se sont soûmis il y a long-temps à la preference que pourra faire vostre inclination.

ERIPHILE.

L'inclination, Madame, est fort sujete à se tromper, & des yeux desinteressez sont beaucoup plus capables de faire un juste choix.

ARISTIONE.

Vous sçavez que je suis engagée de parole à ne rien prononcer là-dessus, & parmy ces deux Princes vostre inclination ne peut point se tromper, & faire un choix qui soit mauvais.

ERIPHILE.

Pour ne point violenter vostre parole, ny mon

scrupule, agréez, Madame, un moyen que j'ose proposer ?
ARISTIONE.
Quoy, ma Fille ?
ERIPHILE.
Que Sostrate décide de cette preference. Vous l'avez pris pour découvrir le secret de mon cœur, souffrez que je le prenne pour me tirer de l'embaras où je me trouve.
ARISTIONE.
J'estime tant, Sostrate, que soit que vous vouliez vous servir de luy pour expliquer vos sentimens, ou soit que vous vous en remettiez absolument à sa conduite ; je fais, dy-je, tant d'estime de sa vertu & de son jugement, que je consens de tout mon cœur à la proposition que vous me faites.
IPHICRATE.
C'est à dire, Madame, qu'il nous faut faire nostre Cour à Sostrate ?
SOSTRATE.
Non, Seigneur, vous n'aurez point de Cour à me faire, & avec tout le respect que je dois aux Princesses, je renonce à la gloire où elles veulent m'élever.
ARISTIONE.
D'où vient cela, Sostrate ?
SOSTRATE.
J'ay des raisons, Madame, qui ne permettent pas que je reçoive l'honneur que vous me presentez.
IPHICRATE.
Craignez-vous, Sostrate, de vous faire un ennemy ?
SOSTRATE.
Je craindrois peu, Seigneur, les ennemis que je pourrois me faire en obeissant à mes Souveraines.

COMEDIE.
TIMOCLES.
Par quelle raison donc, refusez-vous d'accepter le pouvoir qu'on vous donne, & de vous acquerir l'amitié d'un Prince qui vous devroit tout son bon-heur ?
SOSTRATE.
Par la raison que je ne suis pas en estat d'accorder à ce Prince ce qu'il souhaiteroit de moy.
IPHICRATE.
Quelle pourroit estre cette raison ?
SOSTRATE.
Pourquoy me tant presser là-dessus. Peut-estre ay-je, Seigneur, quelque interest secret qui s'oppose aux pretentions de vostre amour. Peut-estre ay-je un amy qui brûle sans oser le dire, d'une flâme respectueuse pour les charmes divins dont vous estes épris. Peut-estre cet amy me fait-il tous les jours confidence de son martyre ; qu'il se plaint à moy tous les jours des rigueurs de sa destinée, & regarde l'Hymen de la Princesse, ainsi que l'arrest redoutable qui le doit pousser au tombeau ; & si cela estoit, Seigneur, seroit-il raisonnable que ce fust de ma main qu'il receust le coup de sa mort ?
IPHICRATE.
Vous auriez bien la mine, Sostrate, d'estre vous-mesme cet amy, dont vous prenez les interests.
SOSTRATE.
Ne cherchez point, de grace, à me rendre odieux aux personnes qui vous écoûtent ; je sçay me connoistre, Seigneur, & les mal-heureux comme moy n'ignorent pas jusques où leur fortune leur permet d'aspirer.
ARISTIONE.
Laissons-cela, nous trouverons moyen de terminer l'irresolution de ma Fille.

E iiij

ANAXARQUE.

En eſt-il un meilleur, Madame, pour terminer les choſes au contentement de tout le monde, que les lumieres que le Ciel peut donner ſur ce Mariage? J'ay commencé comme je vous ay dit, à jetter pour cela les figures myſterieuſes que noſtre art nous enſeigne, & j'eſpere vous faire voir tantoſt ce que l'avenir garde à cette union ſoûhaitée. Aprés cela pourra-t-on balancer encore? La gloire & les proſperitez que le Ciel promettra, ou à l'un, ou à l'autre choix, ne ſeront-elles pas ſuffiſantes pour le déterminer, & celuy qui ſera exclus, pourra-t-il s'offencer quand ce ſera le Ciel qui décidera cette preference?

IPHICRATE.

Pour moy je m'y ſoûmets entierement, & je déclare que cette voye me ſemble la plus raiſonnable.

TIMOCLES.

Je ſuis de meſme avis, & le Ciel ne ſçauroit rien faire où je ne ſouſcrive ſans repugnance.

ERIPHILE.

Mais, Seigneur Anaxarque, voyez-vous ſi clair dans les deſtinées, que vous ne vous trompiez jamais, & ces proſperitez, & cette gloire que vous dites que le Ciel nous promet, qui en ſera caution, je vous prie?

ARISTIONE.

Ma Fille, vous avez une petite incredulité qui ne vous quitte point.

ANAXARQUE.

Les épreuves, Madame, que tout le monde a veuës de l'infaillibilité de mes predictions, ſont les cautions ſuffiſantes des promeſſes que je puis faire. Mais enfin, quand je vous auray fait voir ce que le Ciel vous marque, vous vous reglerez là-dessus, à vostre fantaisie, & ce sera à vous à prendre la fortune de l'un, ou de l'autre choix.

ERIPHILE.

Le Ciel, Anaxarque, me marquera les deux fortunes qui m'attendent?

ANAXARQUE.

Oüy, Madame, les felicitez qui vous suivront, si vous épousez l'un, & les disgraces qui vous accompagneront, si vous épousez l'autre.

ERIPHILE.

Mais comme il est impossible que je les épouse tous deux, il faut donc qu'on trouve écrit dans le Ciel, non seulement ce qui doit arriver, mais aussi ce qui ne doit pas arriver.

CLITIDAS.

Voilà mon Astrologue embarassé.

ANAXARQUE.

Il faudroit vous faire, Madame, une longue discution des principes de l'Astrologie pour vous faire comprendre cela.

CLITIDAS.

Bien répondu. Madame, je ne dis point de mal de l'Astrologie, l'Astrologie est une belle chose, & le Seigneur Anaxarque est un grand homme.

IPHICRATE.

La verité de l'Astrologie est une chose incontestable, & il n'y a personne qui puisse disputer contre la certitude de ses predictions.

CLITIDAS.

Assurement.

TIMOCLES.

Je suis assez incredule pour quantité de choses, mais pour ce qui est de l'Astrologie, il n'y a rien de plus seur & de plus constant, que le succés des Horoscopes qu'elle tire.

CLITIDAS.
Ce sont des choses les plus claires du monde.
IPHICRATE.
Cent avantures predites arrivent tous les jours, qui convainquent les plus opiniâtres.
CLITIDAS.
Il est vray.
TIMOCLES.
Peut-on contester sur cette matiere les incidens celebres, dont les Histoires nous font foy ?
CLITIDAS.
Il faut n'avoir pas le sens commun. Le moyen de contester ce qui est moulé.
ARISTIONE.
Sostrate n'en dit mot, quel est son sentiment là-dessus ?
SOSTRATE.
Madame, tous les esprits ne sont pas nez avec les qualitez qu'il faut pour la délicatesse de ces belles Sciences, qu'on nomme curieuses, & il y en a de si materiels, qu'ils ne peuvent aucunement comprendre ce que d'autres conçoivent le plus facilement du monde. Il n'est rien de plus agreable, Madame, que toutes les grandes promesses de ces connoissances sublimes. Transformer tout en or, faire vivre éternellement, guerir par des paroles, se faire aymer de qui l'on veut, sçavoir tous les secrets de l'avenir, faire décendre comme on veut du Ciel sur des métaux des impressions de bon-heur, commander aux démons, se faire des Armées invisibles & des Soldats invulnerables. Tout cela est charmant, sans doute, & il y a des gens qui n'ont aucune peine à en comprendre la possibilité, cela leur est le plus aisé du monde à concevoir ; mais pour moy, je vous avoüe que mon esprit grossier a quel-

que peine à le comprendre, & à le croire, & j'ay toûjours trouvé cela trop beau pour estre veritable. Toutes ces belles raisons de sympathie, de force magnetique, & de vertu occulte, sont si subtiles & délicates, qu'elles échapent à mon sens materiel, & sans parler du reste, jamais il n'a esté en ma puissance de concevoir comme on trouve écrit dans le Ciel jusqu'aux plus petites particularitez de la fortune du moindre homme. Quel rapport, quel commerce, quelle correspondance peut-il y avoir entre nous & des Globes, éloignez de nostre terre d'une distance si effroyable, & d'où cette belle Science, enfin, peut estre venuë aux hommes? Quel Dieu l'a revelée, ou qu'elle experience l'a pû former, de l'observation de ce grand nombre d'Astres qu'on n'a pû voir encore deux fois dans la mesme disposition?

ANAXARQUE.
Il ne sera pas difficile de vous le faire concevoir.

SOSTRATE.
Vous serez plus habile que tous les autres.

CLITIDAS.
Il vous fera une discution de tout cela quand vous voudrez.

IPHICRATE.
Si vous ne comprenez pas les choses, au moins les pouvez-vous croire, sur ce que l'on voit tous les jours.

SOSTRATE.
Comme mon sens est si grossier qu'il n'a pû rien comprendre, mes yeux aussi sont si mal-heureux qu'ils n'ont jamais rien veu.

IPHICRATE.
Pour moy j'ay veu, & des choses tout-à-fait convainquantes.

TIMOCLES.
Et moy aussi.
SOSTRATE.
Comme vous avez veu, vous faites bien de croire, & il faut que vos yeux soient faits autrement que les miens.
IPHICRATE.
Mais enfin, la Princesse croit à l'Astrologie, & il me semble qu'on y peut bien croire après elle. Est-ce que Madame, Sostrate, n'a pas de l'esprit & du sens ?
SOSTRATE.
Seigneur, la question est un peu violente, l'esprit de la Princesse n'est pas une regle pour le mien, & son intelligence peut l'élever à des lumieres où mon sens ne peut pas atteindre.
ARISTIONE.
Non, Sostrate, je ne vous diray rien sur quantité de choses, ausquelles je ne donne gueres plus de créance que vous. Mais pour l'Astrologie on m'a dit, & fait voir des choses si positives que je ne la puis mettre en doute.
SOSTRATE.
Madame, je n'ay rien à répondre à cela.
ARISTIONE.
Quittons ce discours, & qu'on nous laisse un moment. Dressons nostre promenade, ma Fille, vers cette belle grotte, où j'ay promis d'aller. Des galanteries à chaque pas.

Fin du troisiéme Acte.

COMEDIE.

QUATRIE'ME INTERMEDE.

LE Theatre represente une grotte, où les Princesses vont se promener, & dans le temps qu'elles y entrent, huit Statuës portant chacune deux flambeaux à leurs mains, sortent de leurs Niches, & font une dance variée de plusieurs Figures, & de plusieurs belles attitudes, où elles demeurent par intervalles.

ENTRE'E DE BALLET

De huit Statuës.

ACTE IV.

SCENE PREMIERE.

ARISTIONE, ERIPHILE.

ARISTIONE.

De qui que cela soit, on ne peut rien de plus galand & de mieux entendu. Ma Fille, j'ay voulu me separer de tout le monde pour vous entretenir, & je veux que vous ne me cachiez rien de la verité. N'auriez-vous point dans l'ame quelque inclination secrete que vous ne voulez pas nous dire?

ERIPHILE.

Moy, Madame?

ARISTIONE.

Parlez à cœur ouvert, ma Fille, ce que j'ay fait pour vous merite bien que vous usiez avec moy de franchise. Tourner vers vous toutes mes pensées, vous preferer à toutes choses, & fermer l'oreille en l'estat où je suis, à toutes les propositions que cent Princesses en ma place écouteroient avec bienseance, tout cela vous doit assez persuader que je suis une bonne Mere, & que je ne suis pas pour recevoir avec severité les ouvertures que vous pourriez me faire de vostre cœur.

ERIPHILE.

Si j'avois si mal suivy vostre exemple, que de m'estre laissée aller à quelques sentimens d'inclination que j'eusse raison de cacher, j'aurois, Madame, assez de pouvoir sur moy-mesme pour imposer silence à cette passion, & me mettre en estat de ne rien faire voir qui fust indigne de vôtre sang.

ARISTIONE.

Non, non, ma Fille, vous pouvez sans scrupule m'ouvrir vos sentimens. Je n'ay point renfermé vostre inclination dans le choix de deux Princes, vous pouvez l'étendre où vous voudrez, & le merite auprés de moy tient un rang si considerable que je l'égale à tout, & si vous m'avoüez franchement les choses, vous me verrez souscrire sans repugnance au choix qu'aura fait vôtre cœur.

ERIPHILE.

Vous avez des bontez pour moy, Madame, dont je ne puis assez me loüer, mais je ne les mettray point à l'épreuve sur le sujet dont vous me parlez, & tout ce que je leur demande, c'est de ne point presser un Mariage où je ne me sens pas encore bien resoluë.

ARISTIONE.

Jusqu'icy je vous ay laissée assez maistresse de tout, & l'impatience des Princes vos Amans.... Mais quel bruit est-ce que j'entends? ah! ma Fille, quel spectacle s'offre à nos yeux, quelque Divinité descend icy, & c'est la Déesse Venus qui semble nous vouloir parler.

SCENE II.

VENUS *accompagnée de quatre petits Amours dans une machine,* ARISTIONE, ERIPHILE.

VENUS.

PRincesse dans tes soins brille un zele exemplaire,
Qui par les Immortels doit estre Couronné,
Et pour te voir un gendre, illustre & fortuné,
Leur main te veut marquer le choix que tu dois faire;
  Ils t'annoncent tous par ma voix,
La gloire & les grandeurs, que par ce digne choix,
Ils feront pour jamais entrer dans ta famille,
De tes difficultez termine donc le cours;
  Et pense à donner ta Fille
  A qui sauvera tes jours.

ARISTIONE.

Ma Fille, les Dieux imposent silence à tous nos raisonnemens. Aprés cela nous n'avons plus rien à faire, qu'à recevoir ce qu'ils s'apprestent à nous donner, & vous venez d'entendre distinctement leur volonté. Allons dans le premier Temple les assurer de nostre obeissance, & leur rendre grace de leurs bontez.

COMEDIE.

SCENE III.

ANAXARQUE, CLEON.

CLEON.

Voilà la Princesse qui s'en va, ne voulez-vous pas luy parler?

ANAXARQUE.

Attendons que sa Fille soit separée d'elle, c'est un esprit que je redoute, & qui n'est pas de trempe à se laisser mener, ainsi que celuy de sa Mere. Enfin, mon fils, comme nous venons de voir par cette ouverture, le stratagême a reüssi, nostre Venus a fait des merveilles ; & l'admirable Ingenieur qui s'est employé à cet artifice, a si bien disposé tout, a coupé avec tant d'adresse le plancher de cette Grotte, si bien caché ses fils de fer, & tous ses ressorts, si bien ajusté ses lumieres, & habillé ses Personnages, qu'il y a peu de gens qui n'y eussent esté trompés. Et comme la Princesse Aristione est fort superstitieuse, il ne faut point douter qu'elle ne donne à pleine teste dans cette tromperie. Il y a long-temps, mon fils, que je prepare cette machine, & me voilà tantost au but de mes pretentions.

CLEON.

Mais pour lequel des deux Princes au moins dressez-vous tout cet artifice?

ANAXARQUE.

Tous deux ont recherché mon assistance, & je leur promets à tous deux la faveur de mon art ; mais les presens du Prince Iphicrate, & les promesses qu'il m'a faites, l'emportent de beaucoup sur tout ce qu'a pû faire l'autre. Ainsi ce sera luy qui recevra les effets favorables de tous les ressorts que je fais joüer; & comme son ambition me devra toute chose, voilà mon fils nostre fortune faite. Je vay prendre mon temps pour affermir dans son erreur l'esprit de la Princesse, pour la mieux prevenir encore par le rapport que je luy feray voir adroitement des paroles de Venus, avec les predictions des figures Celestes, que je luy dis que j'ay jettées. Va-t-en tenir la main au reste de l'ouvrage, preparer nos six hommes à se bien cacher dans leur barque derriere le Rocher, à posément attendre le temps que la Princesse Aristione vient tous les soirs se promener seule sur le rivage, à se jetter bien à propos sur elle, ainsi que des Corsaires, & donner lieu au Prince Iphicrate de luy apporter ce secours, qui sur les paroles du Ciel doit mettre entre ses mains la Princesse Eriphile. Ce Prince est averty par moy, & sur la foy de ma prediction il doit se tenir dans ce petit Bois qui borde le rivage. Mais sortons de cette Grotte, je te diray en marchant toutes les choses qu'il faut bien observer. Voilà la Princesse Eriphile, évitons sa rencontre.

COMÉDIE.

SCENE IV.

ERIPHILE, CLEONICE, SOSTRATE.

ERIPHILE.

HElas! quelle est ma destinée, & qu'ay-je fait aux Dieux pour meriter les soins qu'ils veulent prendre de moy?

CLEONICE.

Le voicy, Madame, que j'ay trouvé, & à vos premiers ordres il n'a pas manqué de me suivre.

ERIPHILE.

Qu'il approche, Cleonice, & qu'on nous laisse seuls un moment. Sostrate, vous m'aymez?

SOSTRATE.

Moy, Madame?

ERIPHILE.

Laissons cela, Sostrate, je le sçay, je l'approuve, & vous permets de me le dire. Vostre passion a paru à mes yeux, accompagnée de tout le merite qui me la pouvoit rendre agreable. Si ce n'estoit le rang où le Ciel m'a fait naistre, je puis vous dire que cette passion n'auroit pas esté mal-heureuse, & que cent fois je luy ay souhaité l'appuy d'une fortune, qui pust mettre pour elle en pleine liberté les secrets sentimens de mon ame. Ce n'est pas, Sostrate, que le merite seul n'ait à mes yeux tout le prix qu'il doit avoir, & que dans mon cœur je ne prefere les vertus qui sont en vous, à tous les titres magnifiques, dont les autres sont revestus. Ce n'est pas mesme que la Princesse ma

Mere ne m'ait assez laissé la disposition de mes vœux, & je ne doute point, je vous l'avouë, que mes prieres n'eussent pû tourner son consentement du costé que j'aurois voulu; mais il est des Estats, Sostrate, où il n'est pas honneste de vouloir tout ce qu'on peut faire. Il y a des chagrins à se mettre au dessus de toutes choses, & les bruits fâcheux de la renommée vous font trop acheter le plaisir que l'on trouve à contenter son inclination; c'est à quoy, Sostrate, je ne me serois jamais resoluë, & j'ay creu faire assez de fuïr l'engagement dont j'estois sollicitée. Mais enfin, les Dieux veulent prendre le soin eux-mesmes de me donner un époux; & tous ces longs délais avec lesquels j'ay reculé mon Mariage, & que les bontez de la Princesse ma Mere ont accordez à mes desirs, ces délais, dy-je, ne me sont plus permis, & il me faut resoudre à subir cet arrest du Ciel. Soyez seur, Sostrate, que c'est avec toutes les repugnances du monde que je m'abandonne à cet Hymenée; & que si j'avois pû estre maistresse de moy, ou j'aurois esté à vous, ou je n'aurois esté à personne. Voilà, Sostrate, ce que j'avois à vous dire, voilà ce que j'ay creu devoir à vostre merite, & la consolation que toute ma tendresse peut donner à vostre flâme.

SOSTRATE.

Ah! Madame, c'en est trop pour un mal-heureux, je ne m'estois pas preparé à mourir avec tant de gloire, & je cesse dans ce moment de me plaindre des destinées. Si elles m'ont fait naistre dans un rang beaucoup moins élevé que mes desirs, elles m'ont fait naistre assez heureux pour attirer quelque pitié du cœur d'une grande Princesse; & cette pitié glorieuse vaut des Sceptres & des Couronnes, vaut la fortune des plus grands

Princes de la terre. Oüy, Madame, dés que j'ay osé vous aymer, c'est vous, Madame, qui voulez bien que je me serve de ce mot temeraire, dés que j'ay, dy-je, osé vous aymer, j'ay condamné d'abord l'orgueil de mes desirs, je me suis fait moy-mesme la destinée que je devois attendre. Le coup de mon trépas, Madame, n'aura rien qui me surprenne, puisque je m'y estois preparé ; mais vos boutez le comblent d'un honneur que mon amour jamais n'eust osé esperer, & je m'en vais mourir aprés cela, le plus content & le plus glorieux de tous les hommes. Si je puis encore souhaiter quelque chose, ce sont deux graces, Madame, que je prends la hardiesse de vous demander à genoux ; de vouloir souffrir ma presence jusqu'à cet heureux Hymenée, qui doit mettre fin à ma vie ; & parmy cette grande gloire, & ces longues prosperitez que le Ciel promet à vostre union, de vous souvenir quelquefois de l'amoureux Sostrate. Puis-je, divine Princesse, me promettre de vous cette precieuse faveur ?

ERIPHILE.

Allez, Sostrate, sortez d'icy, ce n'est pas aymer mon repos, que de me demander que je me souvienne de vous.

SOSTRATE.

Ah ! Madame, si vostre repos....

ERIPHILE.

Ostez-vous, vous dy-je, Sostrate, épargnez ma foiblesse, & ne m'exposez point à plus que je n'ay resolu.

SCENE V.

CLEONICE, ERIPHILE.

CLEONICE.

Madame, je vous voy l'esprit tout chagrin, vous plaist-il que vos danseurs, qui expriment si bien toutes les passions, vous donnent maintenant quelque épreuve de leur adresse ?
ERIPHILE.
Oüy, Cleonice, qu'ils fassent tout ce qu'ils voudront, pourveu qu'ils me laissent à mes pensées.

CINQUIE'ME INTERMEDE.

Quatre Pantomimes, pour épreuve de leur adresse, ajustent leurs gestes & leurs pas aux inquietudes de la jeune Princesse Eriphile.

ENTRE'E DE BALLET

De quatre Pantomimes.

ACTE V.

SCENE PREMIERE.

CLITIDAS, ERIPHILE.

CLITIDAS.

DE quel costé porter mes pas ? où m'aviseray-je d'aller, & en quel lieu puis-je croire que je trouveray maintenant la Princesse Eriphile ? Ce n'est pas un petit avantage que d'estre le premier à porter une nouvelle. Ah ! la voilà. Madame, je vous annonce que le Ciel vient de vous donner l'époux qu'il vous destinoit.

ERIPHILE.

Eh, laisse-moy, Clitidas, dans ma sombre mélancolie.

CLITIDAS.

Madame, je vous demande pardon, je pensois faire bien de vous venir dire que le Ciel vient de vous donner Sostrate pour époux, mais puisque cela vous incommode, je rengaîne ma nouvelle, & m'en retourne droit comme je suis venu.

ERIPHILE.

Clitidas, hola, Clitidas.

CLITIDAS.

Je vous laisse, Madame, dans vostre sombre mélancolie.

ERIPHILE.

COMEDIE.

ERIPHILE.
Arreste, te dy-je, approche. Que viens-tu me dire ?

CLITIDAS.
Rien, Madame, on a parfois des empressemens de venir dire aux Grands de certaines choses, dont ils ne se soucient pas, & je vous prie de m'excuser.

ERIPHILE.
Que tu es cruel !

CLITIDAS.
Une autre fois j'auray la discretion de ne vous pas venir interrompre.

ERIPHILE.
Ne me tiens point dans l'inquietude, qu'est-ce que tu viens m'annoncer ?

CLITIDAS.
C'est une bagatelle de Sostrate, Madame, que je vous diray une autre fois, quand vous ne serez point embarrassée.

ERIPHILE.
Ne me fais point languir davantage, te dis-je, & m'apprend cette nouvelle.

CLITIDAS.
Vous la voulez sçavoir, Madame ?

ERIPHILE.
Oüy, depesche. Qu'as-tu à me dire de Sostrate ?

CLITIDAS.
Une avanture merveilleuse, où personne ne s'attendoit.

ERIPHILE.
Dy-moy viste ce que c'est.

CLITIDAS.
Cela ne troublera-t-il point, Madame, vostre sombre mélancolie ?

Tome VIII.

ERIPHILE.

Ah ! parle promptement.

CLITIDAS.

J'ay donc à vous dire, Madame, que la Princesse vostre Mere passoit presque seule dans la Forest, par ces petites routes qui sont si agreables, lors qu'un Sanglier hideux, (ces vilains Sangliers-là font toûjours du desordre, & l'on devroit les bannir des Forests bien policées); lors, dy-je, qu'un Sanglier hideux, poussé je croy par des Chasseurs, est venu traverser la route où nous estions. Je devrois vous faire peut-estre, pour orner mon recit, une description étendue du Sanglier dont je parle, mais vous vous en passerez s'il vous plaist, & je me contenteray de vous dire que c'estoit un fort vilain animal. Il passoit son chemin, & il estoit bon de ne luy rien dire, de ne point chercher de noise avec luy, mais la Princesse a voulu égayer sa dexterité, & de son dard qu'elle luy a lancé un peu mal à propos, ne luy en déplaise, luy a fait au dessus de l'oreille une assez petite blessure. Le Sanglier mal-moriginé, s'est impertinemment détourné contre nous ; nous estions là deux, ou trois miserables qui avons pâly de frayeur, chacun gagnoit son Arbre, & la Princesse sans défence demeuroit exposée à la furie de la beste, lors que Sostrate a paru, comme si les Dieux l'eussent envoyé.

ERIPHILE.

Hé, bien, Clitidas.

CLITIDAS.

Si mon recit vous ennuye, Madame, je remettray le reste à une autre fois.

ERIPHILE.

Acheve promptement.

CLITIDAS.

Ma foy, c'est promptement de vray que j'acheveray, car un peu de poltronnerie m'a empesché de voir tout le détail de ce combat; & tout ce que je puis vous dire, c'est que retournant sur la place, nous avons veu le Sanglier mort, tout veautré dans son sang, & la Princesse pleine de joye, nommant Sostrate son liberateur, & l'époux digne & fortuné que les Dieux luy marquoient pour vous. A ces paroles j'ay creu que j'en avois assez entendu, & je me suis hasté de vous en venir, avant tous, apporter la nouvelle.

ERIPHILE.

Ah! Clitidas, pouvois-tu m'en donner une qui me pust estre plus agreable?

CLITIDAS.

Voilà qu'on vient vous trouver.

SCENE II.

ARISTIONE, SOSTRATE, ERIPHILE, CLITIDAS.

ARISTIONE.

JE voy, ma Fille, que vous sçavez déja tout ce que nous pourrions vous dire. Vous voyez que les Dieux se sont expliquez bien plûtost que nous n'eussions pensé; mon peril n'a gueres tardé à nous marquer leurs volontez, & l'on connoist assez que ce sont eux qui se sont meslez de ce choix, puisque le merite tout seul brille dans cette preference. Aurez-vous quelque repugnance à recompenser de vostre cœur, celuy à qui je dois la vie, & refuserez-vous Sostrate pour époux?

ERIPHILE.

Et de la main des Dieux, & de la vostre, Madame, je ne puis rien recevoir qui ne me soit fort agreable.

SOSTRATE.

Ciel! n'est-ce point icy quelque songe tout plein de gloire, dont les Dieux me veuillent flater, & quelque réveil mal-heureux ne me replongera-t-il point dans la bassesse de ma fortune?

SCENE III.

CLEONICE, ARISTIONE, SOSTRATE, ERIPHILE, CLITIDAS.

CLEONICE.

Madame, je viens vous dire qu'Anaxarque a jusqu'icy abusé, l'un & l'autre Prince, par l'esperance de ce choix qu'ils poursuivent depuis long-temps, & qu'au bruit qui s'est répandu de vostre avanture, ils ont fait éclater tous deux leur ressentiment contre luy, jusques-là, que de paroles en paroles, les choses se sont échauffées, & il en a reçeu quelques blessures, dont on ne sçait pas bien ce qui arrivera. Mais les voicy.

COMÉDIE.

SCENE IV.

IPHICRATE, TIMOCLES, CLEONICE, ARISTIONE, SOSTRATE, ERIPHILE, CLITIDAS.

ARISTIONE.

Princes, vous agissez tous deux avec une violence bien grande, & si Anaxarque a pû vous offencer, j'estois pour vous en faire justice moy-mesme.

IPHICRATE.

Et quelle justice, Madame, auriez-vous pû nous faire de luy, si vous l'a faites si peu à nostre rang, dans le choix que vous embrassez ?

ARISTIONE.

Ne vous estes-vous pas soûmis l'un & l'autre, à ce que pourroient décider, ou les ordres du Ciel, ou l'inclination de ma Fille ?

TIMOCLES.

Oüy, Madame, nous nous sommes soûmis à ce qu'ils pourroient décider, entre le Prince Iphicrate & moy, mais non pas à nous voir rebutez tous deux.

ARISTIONE.

Et si chacun de vous a bien pû se resoudre à souffrir une preference, que vous arrive t-il à tous deux, où vous ne soyez preparez, & que peut importer à l'un & à l'autre, les interests de son Rival ?

IPHICRATE.

Oüy, Madame, il importe, c'est quelque consolation de se voir preferer un homme qui vous est égal, & vostre aveuglement est une chose épouventable.

ARISTIONE.

Prince, je ne veux pas me broüiller avec une personne qui m'a fait tant de grace, que de me dire des douceurs ; & je vous prie avec toute l'honnesteté qu'il m'est possible, de donner à vôtre chagrin un fondement plus raisonnable ; de vous souvenir, s'il vous plaist, que Sostrate est revestu d'un merite, qui s'est fait connoistre à toute la Grece, & que le rang où le Ciel l'éleve aujourd'huy, va remplir toute la distance qui estoit entre luy & vous.

IPHICRATE.

Oüy, oüy, Madame, nous nous en souviendrons, mais peut-estre aussi vous souviendrez-vous, que deux Princes outragez ne sont pas deux ennemis peu redoutables.

TIMOCLES.

Peut-estre, Madame, qu'on ne goûtera pas long-temps la joye du mépris que l'on fait de nous.

ARISTIONE.

Je pardonne toutes ces menaces, aux chagrins d'un amour qui se croit offencé, & nous n'en verrons pas avec moins de tranquilité la Feste des jeux Pythiens. Allons-y de ce pas, & couronnons par ce pompeux spectacle, cette merveilleuse journée.

SIXIEME INTERMEDE.
qui est la solemnité des jeux Pythiens.

LE Theatre est une grande Salle en maniere d'Amphitheatre, ouvert d'une grande arcade, dans le fond, au dessus de laquelle est une Tribune fermée d'un rideau; & dans l'éloignement paroist un Autel pour le Sacrifice. Six hommes habillez, comme s'ils estoient presques nuds, portant chacun une hâche sur l'épaule, comme Ministres du Sacrifice, entrent par le portique, au son des Violons, & sont suivis de deux Sacrificateurs Musiciens, d'une Prestresse Musicienne, & leur suite.

LA PRESTRESSE.

Chantez, peuples, chantez en mille & mille lieux,
Du Dieu que nous servons les brillantes merveilles,
Parcourez la Terre & les Cieux,
Vous ne sçauriez chanter rien de plus precieux,
Rien de plus doux pour les oreilles.

UNE GRECQUE.

A ce Dieu plein de force, à ce Dieu plein d'appas,
Il n'est rien qui resiste.

AUTRE GRECQUE.

Il n'est rien icy bas
Qui par ses bien-faits ne subsiste.

AUTRE GRECQUE.

Toute la Terre est triste
Quand on ne le voit pas.

LE CHOEUR.

Poussons à sa Memoire
Des concerts si touchans,
Que du haut de sa gloire
Il écoute nos chants.

COMEDIE.

PREMIERE ENTRE'E DE BALLET.

Les six hommes portant les haches, font entre-eux une dance ornée de toutes les attitudes que peuvent exprimer des gens qui étudient leur force, puis il se retirent aux deux côtez du Theatre pour faire place à six Voltigeurs.

DEUXIE'ME ENTRE'E DE BALLET.

Six Voltigeurs font paroistre en cadence, leur adresse sur des chevaux de bois, qui sont apportez par des Esclaves.

TROISIE'ME ENTRE'E DE BALLET.

Quatre Conducteurs d'Esclaves amenent en cadence douze Esclaves qui dansent, en marquant la joye qu'ils ont, d'avoir recouvré leur liberté.

QUATRIE'ME ENTRE'E DE BALLET.

Quatre hommes, & quatre femmes armez à la Grecque, font ensemble une maniere de jeu pour les armes.

La Tribune s'ouvre, un Heraut, six Trompettes & un Timballier se meslant à tous les instrumens, annonce avec un grand bruit la venuë d'Apollon.

LE CHOEUR.

Uvrons tous nos yeux
A l'éclat suprême
Qui brille en ces lieux.

Quelle grace extrême !
Quel port glorieux !
Où voit-on des Dieux
Qui soient faits de mesme !

Apollon au bruit des Trompettes & des Violons entre par le Portique, precedé de six jeunes gens, qui portent des Lauriers entre-laffez autour d'un bâton, & un Soleil d'or au deffus avec la devife Royale en maniere de trophée. Les six jeunes gens, pour dancer avec Apollon, donnent leur trophée à tenir aux six hommes qui portent les haches, & commencent avec Apollon une dance heroïque, à laquelle se joignent en diverses manieres les six hommes portant les trophées, les quatre femmes armées avec leurs timbres, & les quatre hommes armez avec leurs tambours, tandis que les six Trompettes, le Timballier, les Sacrificateurs, la Preftreffe & le Chœur de Mufique accompagnent tout cela en s'y meflant par diverses reprifes ; ce qui finit la Fefte des jeux Pythiens, & tout le divertiffement.

COMEDIE.

CINQUIE'ME ET DERNIERE ENTRE'E de Ballet.

APOLLON, & six jeunes gens de sa suite.

Chœur de Musique.

Pour LE ROY, Representant le Soleil.

Je suis la source des Clartez,
Et les Astres les plus vantez
Dont le beau Cercle m'environne,
Ne sont brillans & respectez
Que par l'éclat que je leur donne.

Du Char où je me puis asseoir
Ie voy le desir de me voir
Posseder la Nature entiere,
Et le Monde n'a son espoir
Qu'aux seuls bien-faits de ma lumiere.

Bien-heureuses de toutes parts,
Et pleines d'exquises richesses
Les Terres, où de mes regards
I'arreste les douces caresses.

POUR MONSIEUR LE GRAND, Suivant d'Apollon.

Bien qu'auprés du Soleil tout autre éclat s'efface,
S'en éloigner pourtant n'est pas ce que l'on veut,
Et vous voyez bien quoy qu'il fasse
Que l'on s'en tient toûjours le plus prés que l'on peut.

LES AMANS MAGNIFIQUES,

POUR LE MARQUIS DE VILLEROY,
Suivant d'Apollon.

De noſtre Maiſtre incomparable
Vous me voyez inſeparable,
Et le zele puiſſant qui m'attache à ſes vœux
Le ſuit parmy les eaux, le ſuit parmy les feux.

POUR LE MARQUIS DE RASSENT,
Suivant d'Apollon.

Ie ne ſeray pas vain quand je ne croiray pas
Qu'un autre mieux que moy ſuive par tout ſes
pas.

FIN.

P. Brisart d. I. Sauué f.

LA COMTESSE DE SCARMAGNAS

LA COMTESSE
D'ESCARBAGNAS

COMEDIE,

PAR I. B. P. DE MOLIERE,

Representée pour le Roy à saint Germain en Laye, au mois de Février 1672.

Et donnée au Public, sur le Theatre de la Salle du Palais Royal, pour la premiere fois le huitiéme Juillet 1672.

Par la Trouppe du Roy.

ACTEURS.

LA COMTESSE, d'Escarbagnas.

LE COMTE, Son fils.

LE VICOMTE, Amant de Julie.

JULIE, Amante du Vicomte.

MONSIEUR TIBAUDIER, Conseiller, Amant de la Comtesse.

MONSIEUR HARPIN, Receveur des Tailles, autre Amant de la Comtesse.

MONSIEUR BOBINET, Precepteur de Monsieur le Comte.

ANDRE'E, Suivante de la Comtesse.

JEANNOT, Laquais de Monsieur Tibaudier.

CRIQUET, Laquais de la Comtesse.

La Scene est à Angoulesme.

LA COMTESSE D'ESCARBAGNAS,

COMEDIE.

ACTE PREMIER.
SCENE PREMEIRE.

JULIE, LE VICOMTE.

LE VICOMTE.

E', quoy Madame, vous estes déja icy?

JULIE.

Oüy, vous en devriez rougir, Cleante, & il n'est guere honneste à un Amant de venir le dernier au rendez-vous.

LE VICOMTE.

Je serois icy il y a une heure, s'il n'y avoit point de fâcheux au monde, & j'ay esté arresté en chemin par un vieux importun de qualité, qui m'a demandé tout exprés des nouvelles de la Cour, pour trouver moyen de m'en dire des plus extravagantes qu'on puisse débiter, & c'est-là, comme vous sçavez, le fleau des petites Villes, que ces grands Nouvellistes qui cherchent par tout où répandre les contes qu'ils ramassent. Celuy-cy m'a montré d'abord deux feuilles de papier, pleines jusques aux bords d'un grand fatras de balivernes, qui viennent, m'a-t-il dit, de l'endroit le plus seur du monde. En suite, comme d'une chose fort curieuse, il m'a fait avec grand mystere une fatigante lecture de toutes les méchantes plaisanteries de la Gazette de Hollande, dont il épouse les interests. Il tient que la France est bâtuë en ruïne par la plume de cet Ecrivain, & qu'il ne faut que ce bel esprit pour défaire toutes nos Trouppes ; & de-là s'est jetté à corps perdu dans le raisonnement du Ministere, dont il remarque tous les défauts, & d'où j'ay creu qu'il ne sortiroit point. A l'entendre parler, il sçait les secrets du Cabinet mieux que ceux qui les font. La politique de l'Estat luy laisse voir tous ses desseins, & elle ne fait pas un pas, dont il ne penetre les intentions. Il nous apprend les ressorts cachez de tout ce qui se fait, nous découvre les veuës de la prudence de nos voisins, & remuë à sa fantaisie toutes les affaires de l'Europe. Ses intelligences mesmes s'étendent jusques en Afrique, & en Asie ; & il est informé de tout ce qui s'agite dans le Conseil d'enhaut, du Prête-Jean, & du grand Mogol.

JULIE.

Vous parez vostre excuse du mieux que vous pouvez, afin de la rendre agreable, & faire qu'elle soit plus aisément receuë.

LE VICOMTE.

C'est-là, belle Julie, la veritable cause de mon retardement, & si je voulois y donner une excuse galante, je n'aurois qu'à vous dire, que le rendez-vous que vous voulez prendre peut authoriser la paresse dont vous me querellez. Que m'engager à faire l'Amant de la Maistresse du logis, c'est me mettre en estat de craindre de me trouver icy le premier. Que cette feinte où je me force n'estant que pour vous plaire, j'ay lieu de ne vouloir en souffrir la contrainte, que devant les yeux qui s'en divertissent. Que j'évite le teste à teste avec cette Comtesse ridicule, dont vous m'embarassez, & en un mot que ne venant icy que pour vous, j'ay toutes les raisons du monde d'attendre que vous y soyez.

JULIE.

Nous sçavons bien que vous ne manquerez jamais d'esprit, pour donner de belles couleurs aux fautes que vous pourrez faire. Cependant si vous estiez venu une demie-heure plûtost, nous aurions profité de tous ces momens, car j'ay trouvé en arrivant que la Comtesse estoit sortie, & je ne doute point qu'elle ne soit allée par la Ville, se faire honneur de la Comedie, que vous me donnez sous son nom.

LE VICOMTE.

Mais tout de bon, Madame, quand voulez-vous mettre fin à cette contrainte, & me faire moins acheter le bon-heur de vous voir?

JULIE.

Quand nos Parens pourront estre d'accord, ce que je n'ose esperer. Vous sçavez comme moy que les demeslez de nos deux familles, ne nous permettent point de nous voir autrepart, & que mes Freres, non plus que vostre Pere, ne sont pas assez raisonnables pour souffrir nostre attachement.

LE VICOMTE.

Mais pourquoy ne pas mieux joüir du rendez-vous que leur inimitié nous laisse, & me contraindre à perdre en une sotte feinte, les momens que j'ay prés de vous?

JULIE.

Pour mieux cacher nostre amour; & puis à vous dire la verité, cette feinte dont vous parlez m'est une Comedie fort agreable, & je ne sçay si celle que vous nous donnez aujourd'huy me divertira davantage. Nostre Comtesse d'Escarbagnas, avec son perpetuel entestement de qualité, est un aussi bon personnage qu'on en puisse mettre sur le Theatre. Le petit voyage qu'elle a fait à Paris, l'a ramenée dans Angoulesme, plus achevée qu'elle n'estoit. L'approche de l'air de la Cour a donné à son ridicule de nouveaux agréemens, & sa sottise tous les jours ne fait que croistre & embellir.

LE VICOMTE.

Oüy, mais vous ne considerez pas que le jeu qui vous divertit tient mon cœur au supplice, & qu'on n'est point capable de se joüer long-temps, lors qu'on a dans l'esprit une passion aussi serieuse, que celle que je sens pour vous. Il est cruel, belle Julie, que cet amusement dérobe à mon amour un temps qu'il voudroit employer à vous expliquer son ardeur; & cette nuit j'ay fait là-dessus quelques Vers, que je ne puis m'empescher de vous reciter, sans que vous me le demandiez, tant la démangeaison de dire ses ouvrages, est un vice attaché à la qualité de Poëte.

C'est trop long-temps, Iris, me mettre à la torture.

Iris, comme vous le voyez, est mis là pour Julie.

C'est trop long-temps, Iris, me mettre à la torture;
Et si je suy vos loix, je les blâme tout bas,
De me forcer à taire un tourment que j'endure
Pour déclarer un mal que je ne ressens pas.

Faut-il que vos beaux yeux à qui je rends les armes,
Veüille se divertir de mes tristes soûpirs,
Et n'est-ce pas assez de souffrir pour vos charmes,
Sans me faire souffrir encor pour vos plaisirs ?

C'en est trop à la fois, que ce double martyre,
Et ce qu'il me faut taire, & ce qu'il me faut dire,
Exerce sur mon cœur pareille cruauté.

L'amour le met en feu, la contrainte le tuë,
Et si par la pitié vous n'estes combatuë,
Je meurs, & de la feinte, & de la verité.

JULIE.

Je vois que vous vous faites-là bien plus mal traité que vous n'estes ; mais c'est une licence que prennent Messieurs les Poëtes, de mentir de gayeté de cœur, & de donner à leurs Maistresses des cruautez qu'elles n'ont pas, pour s'acommoder aux pensées qui leur peuvent venir. Cependant je seray bien aise que vous me donniez ces Vers par écrit.

LE VICOMTE.

C'est assez de vous les avoir dits, & je dois en demeurer-là ; il est permis d'estre parfois assez fou pour faire des Vers, mais non pour vouloir qu'ils soient veus.

JULIE.

C'est en vain que vous vous retranchez sur une fausse modestie, on sçait dans le monde que vous avez de l'esprit, & je ne voy pas la raison qui vous oblige à cacher les vostres.

LE VICOMTE.

Mon Dieu, Madame, marchons là-dessus s'il vous plaist, avec beaucoup de retenuë ; il est dangereux dans le monde de se mesler d'avoir de l'esprit. Il y a là-dedans un certain ridicule qu'il est facile d'attrapper, & nous avons de nos amis qui me font craindre leur exemple.

JULIE.

Mon Dieu, Cleante, vous avez beau dire, je vois avec tout cela que vous mourez d'envie de me les donner, & je vous embarasserois si je faisois semblant de ne m'en pas soucier.

LE VICOMTE.

Moy, Madame, vous vous mocquez, & je ne suis pas si Poëte que vous pourriez bien croire, pour..... Mais voicy vostre Madame la Comtesse d'Escarbagnas, je sors par l'autre porte pour ne la point trouver, & vais disposer tout mon monde au divertissement que je vous ay promis.

SCENE II.

LA COMTESSE, JULIE.

LA COMTESSE.

AH! mon Dieu, Madame, vous voilà toute seule? quelle pitié est-ce-là, toute seule; il me semble que mes gens m'avoient dit, que le Vicomte estoit icy?

JULIE.

Il est vray qu'il y est venu, mais c'est assez pour luy de sçavoir que vous n'y estiez pas pour l'obliger à sortir.

LA COMTESSE.

Comment il vous a veuë?

JULIE.

Oüy.

COMEDIE.
LA COMTESSE.
Et il ne vous a rien dit?
JULIE.
Non, Madame, & il a voulu témoigner par-là qu'il est tout entier à vos charmes.
LA COMTESSE.
Vrayment je le veux quereller de cette action, quelque amour que l'on ait pour moy, j'ayme que ceux qui m'ayment, rendent ce qu'ils doivent au Sexe; & je ne suis point de l'humeur de ces femmes injustes, qui s'applaudissent des incivilitez, que leurs Amans font aux autres belles.
JULIE.
Il ne faut point, Madame, que vous soyez surprise de son procedé. L'amour que vous luy donnez, éclate dans toutes ses actions, & l'empesche d'avoir des yeux que pour vous.
LA COMTESSE.
Je croy estre en estat de pouvoir faire naistre une passion assez forte, & je me trouve pour cela assez de beauté, de jeunesse, & de qualité, Dieu mercy; mais cela n'empesche pas, qu'avec ce que j'inspire, on ne puisse garder de l'honnesteté, & de la complaisance pour les autres. Que faites-vous donc-là, Laquais? est-ce qu'il n'y a pas une antichambre, où se tenir, pour venir quand on vous appelle; cela est étrange qu'on ne puisse avoir en Province un Laquais qui sçache son monde. A qui est-ce donc que je parle, voulez-vous vous en aller là dehors petit fripon? Filles approchez.
ANDRE'E.
Que vous plaist-il, Madame.
LA COMTESSE.
Ostez-moy mes coeffes. Doucement donc mal-

à droite, comme vous me saboulez la teste avec vos mains pesantes.

ANDRE'E.
Je fais, Madame, le plus doucement que je puis.

LA COMTESSE.
Oüy, mais le plus doucement que vous pouvez, est fort rudement pour ma teste, & vous me l'avez déboîtée. Tenez encore ce manchon, ne laissez point traisner tout cela, & portez-le dans ma garde-robbe. Hé bien, où va t'elle, où va t'elle, que veut-elle faire, cet oyson bridé ?

ANDRE'E.
Je veux, Madame, comme vous m'avez dit, porter cela aux garde-robbes.

LA COMTESSE.
Ah ! mon Dieu, l'impertinente. Je vous demande pardon, Madame. Je vous ay dit ma garde-robbe, grosse beste, c'est à dire où sont mes habits.

ANDRE'E.
Est-ce, Madame, qu'à la Cour une armoire s'appelle une garde-robbe ?

LA COMTESSE.
Oüy, butorde, on appelle ainsi le lieu où l'on met les habits.

ANDRE'E.
Je m'en resouviendray, Madame, aussi bien que de vostre grenier, qu'il faut appeller garde-meuble.

LA COMTESSE.
Quelle peine il faut prendre pour instruire ces animaux-là !

JULIE.
Je les trouve bien-heureux, Madame, d'estre sous vostre discipline.

LA COMTESSE.
C'est une fille de ma Mere nourrice, que j'ay
mise

mise à la chambre, & elle est toute neuve encore.

JULIE.
Cela est d'une belle ame, Madame, & il est glorieux de faire ainsi des creatures.

LA COMTESSE.
Allons, des sieges. Hola, Laquais, Laquais, Laquais. En verité voilà qui est violent, de ne pouvoir pas avoir un Laquais, pour donner des sieges. Filles, Laquais, Laquais, Filles, quelqu'un. Je pense que tous mes gens sont morts, & que nous serons contraintes de nous donner des sieges nous mesmes.

ANDRE'E.
Que voulez-vous, Madame ?

LA COMTESSE.
Il se faut bien égosiller avec vous autres.

ANDRE'E.
J'enfermois vostre manchon, & vos coëffes dans vostre armoi.... dis-je, dans vostre garderobbe.

LA COMTESSE.
Appellez-moy ce petit fripon de Laquais.

ANDRE'E.
Hola, Criquet.

LA COMTESSE.
Laissez-là vostre Criquet, bouviere, & appellez Laquais.

ANDRE'E.
Laquais donc, & non pas Criquet, venez parler à Madame. Je pense qu'il est sourd, Criq..... Laquais, Laquais.

CRIQUET.
Plaist-il.

LA COMTESSE.
Où estiez-vous donc, petit coquin ?

Tome VIII.   I

CRIQUET.

Dans la ruë, Madame.

LA COMTESSE.

Et pourquoy dans la ruë?

CRIQUET.

Vous m'avez dit d'aller là-dehors.

LA COMTESSE.

Vous estes un petit impertinent, mon amy, & vous devez sçavoir que là-dehors, en termes de personnes de qualité, veut dire l'antichambre. Andrée, ayez soin tantost de faire donner le foüet à ce petit fripon-là, par mon Escuyer; c'est un petit incorrigible.

ANDRE'E.

Qu'est-ce que c'est, Madame, que vostre Escuyer? est-ce Maistre Charles que vous appellez comme cela?

LA COMTESSE.

Taisez-vous, sotte que vous estes, vous ne sçauriez ouvrir la bouche que vous ne disiez une impertinence. Des sieges; & vous, allumez deux bougies dans mes flambeaux d'argent, il se fait déja tard. Qu'est-ce que c'est donc que vous me regardez toute effarée?

ANDRE'E.

Madame...

LA COMTESSE.

Hé bien, Madame. Qu'y a-t'il?

ANDRE'E.

C'est que....

LA COMTESSE.

Quoy?

ANDRE'E.

C'est que je n'ay point de bougie.

LA COMTESSE.

Comment vous n'en avez point?

COMEDIE.
ANDRE'E.
Non, Madame, si ce n'est des bougies de suif.
LA COMTESSE.
La bouviere. Et où est donc la cire que je fis acheter ces jours passez?
ANDRE'E.
Je n'en ay point veu depuis que je suis ceans.
LA COMTESSE.
Ostez-vous de-là, insolente, je vous renvoyray chez vos parens. Apportez-moy un verre d'eau. Madame, *faisant des ceremonies pour s'asseoir.*
JULIE.
Madame.
LA COMTESSE.
Ah! Madame.
JULIE.
Ah! Madame.
LA COMTESSE.
Mon Dieu, Madame.
JULIE.
Mon Dieu, Madame.
LA COMTESSE.
Oh, Madame.
JULIE.
Oh, Madame.
LA COMTESSE.
Eh, Madame.
JULIE.
Eh, Madame.
LA COMTESSE.
Hé allons donc, Madame.
JULIE.
Hé allons donc, Madame.
LA COMTESSE.
Je suis chez moy, Madame, nous sommes de-

meurez d'accord de cela. Me prenez-vous pour une Provinciale, Madame?

JULIE.
Dieu m'en garde, Madame.

LA COMTESSE.
Allez, impertinente, je bois avec une soûcoupe. Je vous dis que vous m'alliez querir une soûcoupe pour boire.

ANDRE'E.
Criquet, qu'est-ce que c'est qu'une soûcoupe?

CRIQUET.
Une soûcoupe?

ANDRE'E.
Oüy.

CRIQUET.
Je ne sçay.

LA COMTESSE.
Vous ne vous grouillez pas?

ANDRE'E.
Nous ne sçavons tous deux, Madame, ce que c'est qu'une soûcoupe.

LA COMTESSE.
Apprenez que c'est une assiette, sur laquelle on met le verre. Vive Paris pour estre bien servie, on vous entend là au moindre coup d'œil. Hé bien vous ay-je dit comme cela, teste de bœuf? c'est dessous qu'il faut mettre l'assiette.

ANDRE'E.
Cela est bien aisé.

LA COMTESSE. *Andrée casse le verre.*
Hé bien ne voilà pas l'étourdie? En verité vous me payerez mon verre.

ANDRE'E.
Hé bien oüy, Madame, je le payeray.

COMEDIE.
LA COMTESSE.
Mais voyez cette mal adroite, cette bouviere, cette butorde, cette....

ANDRE'E *s'en allant*.
Dame, Madame, si je le paye, je ne veux point estre querellée.

LA COMTESSE.
Ostez-vous de devant mes yeux. En verité, Madame, c'est une chose étrange que les petites Villes, on n'y sçait point du tout son monde; & je viens de faire deux ou trois visites, où ils ont pensé me desesperer, par le peu de respect qu'ils rendent à ma qualité.

JULIE.
Où auroient-ils appris à vivre, ils n'ont point fait de voyage à Paris?

LA COMTESSE.
Ils ne laisseroient pas de l'apprendre s'ils vouloient écouter les personnes; mais le mal que j'y trouve, c'est qu'ils veulent en sçavoir autant que moy, qui ay esté deux mois à Paris, & veu toute la Cour.

JULIE.
Les sottes gens que voilà.

LA COMTESSE.
Ils sont insupportables, avec les impertinentes égalitez dont ils traitent les gens. Car enfin, il faut qu'il y ait de la subordination dans les choses; & ce qui me met hors de moy, c'est qu'un Gentil-homme de Ville de deux jours, ou de deux cens ans, aura l'éfronterie de dire qu'il est aussi bien Gentil-homme, que feu Monsieur mon mary, qui demeuroit à la campagne, qui avoit meute de chiens courans, & qui prenoit la qualité de Comte dans tous les Contracts qu'il passoit.

JULIE.

On sçait bien mieux vivre à Paris dans ces Hostels, dont la memoire doit estre si chere. Cet Hostel de Mouhy, Madame, cet Hostel de Lyon, cet Hostel de Hollande. Les agreables demeures que voilà !

LA COMTESSE.

Il est vray qu'il y a bien de la difference de ces lieux-là, à tout cecy. On y voit venir du beau monde, qui ne marchande point à vous rendre tous les respects qu'on sçauroit souhaiter. On ne s'en leve pas, si l'on veut, de dessus son siege; & lors que l'on veut voir la reveuë, ou le grand Ballet de Psiché, on est servie à point nommé.

JULIE.

Je pense, Madame, que durant vostre séjour à Paris, vous avez fait bien des conquestes de qualité.

LA COMTESSE.

Vous pouvez bien croire, Madame, que tout ce qui s'appelle les galans de la Cour, n'a pas manqué de venir à ma porte, & de m'en conter, & je garde dans ma cassette de leurs billets, qui peuvent faire voir quelles propositions j'ay refusées; il n'est pas necessaire de vous dire leurs noms, on sçait ce qu'on veut dire par les galans de la Cour.

JULIE.

Je m'étonne, Madame, que de tous ces grands noms que je devine, vous ayez pû redescendre à un Monsieur Tibaudier, le Conseiller, & à un Monsieur Harpin, le Receveur des Tailles. La chûte est grande, je vous l'avoüe. Car pour Monsieur vostre Viconte, quoy que Vicomte de Province, c'est toûjours un Vicomte, & il peut faire un voyage à Paris, s'il n'en a point fait ; mais un Conseiller, & un Receveur, sont des Amans un peu bien minces, pour une grande Comtesse comme vous.

LA COMTESSE.

Ce sont gens qu'on ménage dans les Provinces pour le besoin qu'on en peut avoir, ils servent au moins à remplir les vuides de la galanterie, à faire nombre de soûpirans ; & il est bon, Madame, de ne pas laisser un Amant seul maistre du terrain, de peur que faute de Rivaux, son amour ne s'endorme sur trop de confiance.

JULIE.

Je vous avouë, Madame, qu'il y a merveilleusement à profiter de tout ce que vous dites, c'est une école que vostre conversation, & j'y viens tous les jours attraper quelque chose.

SCENE III.

CRIQUET, LA COMTESSE, JULIE, ANDRE'E, JEANNOT.

CRIQUET.

Voilà Jeannot de Monsieur le Conseiller qui vous demande, Madame.

LA COMTESSE.

Hé bien petit coquin, voilà encore de vos asneries, un Laquais qui sçauroit vivre, auroit esté parler tout bas à la Demoiselle suivante, qui seroit venuë dire doucement à l'oreille de sa Maistresse, Madame, voilà le Laquais de Monsieur un tel, qui demande à vous dire un mot, à quoy la Maistresse, auroit répondu, faites-le entrer.

CRIQUET.
Entrez Jeannot.
LA COMTESSE.
Autre lourderie. Qu'y a-t-il, Laquais ? Que portes-tu-là ?
JEANNOT.
C'est Monsieur le Conseiller, Madame, qui vous souhaite le bon jour ; & auparavant que de venir, vous envoye des poires de son jardin, avec ce petit mot d'écrit.
LA COMTESSE.
C'est du bon chrestien, qui est fort beau. Andrée faites porter cela à l'office. Tien mon enfant voilà pour boire.
JEANNOT.
Oh non, Madame.
LA COMTESSE.
Tien, te dis-je ?
JEANNOT.
Mon Maistre m'a défendu, Madame, de rien prendre de vous.
LA COMTESSE.
Cela ne fait rien.
JEANNOT.
Pardonnez-moy, Madame.
CRIQUET.
Hé prenez, Jeannot, si vous n'en voulez pas vous me le baillerez.
LA COMTESSE.
Dy à ton Maistre que je le remercie.
CRIQUET.
Donne-moy donc cela ?
JEANNOT.
Oüy, quelque sot.
CRIQUET.
C'est moy qui te l'ay fait prendre.

COMEDIE.
JEANNOT.
Je l'aurois bien pris sans toy.
LA COMTESSE.
Ce qui me plaist de ce Monsieur Tibaudier, c'est qu'il sçait vivre avec les personnes de ma qualité, & qu'il est fort respectueux.

SCENE IV.

LE VICOMTE, LA COMTESSE, JULIE, CRIQUET, ANDRE'E.

LE VICOMTE.

Madame, je viens vous avertir que la Comedie sera bien-tost preste, & que dans un quart-d'heure nous pouvons passer dans la Salle.

LA COMTESSE.
Je ne veux point de cohuë au moins. Que l'on dise à mon Suisse qu'il ne laisse entrer personne.

LE VICOMTE.
En ce cas, Madame, je vous déclare que je renonce à la Comedie, & je n'y sçaurois prendre de plaisir, lors que la compagnie n'est pas nombreuse. Croyez-moy, si vous voulez vous bien divertir, qu'on dise à vos gens de laisser entrer toute la Ville.

LA COMTESSE.
Laquais un siege. Vous voilà venu à propos pour recevoir un petit sacrifice que je veux bien vous faire. Tenez, c'est un billet de Monsieur Tibaudier, qui m'envoye des poires. Je vous donne la liberté de le lire tout haut, je ne l'ay point encore vû.

LE VICOMTE.

Voicy un billet du beau style, Madame, & qui merite d'estre bien écouté.

Il lit.

Madame, je n'aurois pas pû vous faire le present que je vous envoye, si je ne recüeillois pas plus de fruit de mon Jardin, que j'en recüeille de mon amour.

LA COMTESSE.

Cela vous marque clairement qu'il ne se passe rien entre-nous.

LE VICOMTE *continuë.*

Les poires ne sont pas encore bien meures, mais elles en quadrent mieux, avec la dureté de vostre ame, qui par ses continuels dédains, ne me promet pas poires molles. Trouvez-bon, Madame, que sans m'engager dans une énumeration de vos perfections, & charmes, qui me jetteroit dans un progrés à l'infiny, je concluë ce mot, en vous faisant considerer que je suis d'un aussi franc Chrestien, que les poires que je vous envoye, puisque je rends le bien pour le mal, c'est à dire, Madame, pour m'expliquer plus intelligiblement, puisque je vous presente des poires de bon chrestien, pour des poires d'angoisse, que vos cruautez me font avaler tous les jours.

TIBAUDIER, vostre Esclave indigne.

Voilà, Madame, un billet à garder.

LA COMTESSE.

Il y a peut-estre quelque mot qui n'est pas de l'Academie ; mais j'y remarque un certain respect qui me plaist beaucoup.

JULIE.

Vous avez raison, Madame, & Monsieur le Vicomte deuſt-il s'en offencer, j'aymerois un homme qui m'écriroit comme cela.

SCENE V.

MONSIEUR TIBAUDIER, LE VICOMTE, LA COMTESSE, JULIE, ANDRE'E, CRIQUET.

LA COMTESSE.

APprochez, Monſieur Tibaudier, ne craignez point d'entrer. Voſtre billet a eſté bien receu, auſſi bien que vos poires, & voilà Madame qui parle pour vous, contre voſtre Rival.

MONSIEUR TIBAUDIER.

Je luy ſuis bien obligé, Madame, & ſi elle a jamais quelque procés en noſtre Siege, elle verra que je n'oubliray pas l'honneur qu'elle me fait, de ſe rendre auprés de vos beautez l'Avocat de ma flâme.

JULIE.

Vous n'avez pas beſoin d'Avocat, Monſieur, & voſtre cauſe eſt juſte.

MONSIEUR TIBAUDIER.

Ce neantmoins, Madame, bon droit a beſoin d'ayde, & j'ay ſujet d'apprehender de me voir ſuplanté par un tel Rival, & que Madame ne ſoit circonvenuë par la qualité de Vicomte.

LE VICOMTE.

J'eſperois quelque choſe, Monſieur Tibaudier, avant voſtre billet, mais il me fait craindre pour mon amour.

MONSIEUR TIBAUDIER.
Voicy encore, Madame, deux petits Versets, ou couplets, que j'ay composez à vostre honneur & gloire.
LE VICOMTE.
Ah ! je ne pensois pas que Monsieur Tibaudier fust Poëte, & voilà pour m'achever, que ces deux petits Versets-là.
LA COMTESSE.
Il veut dire deux Strophes. Laquais donnez un siege à Monsieur Tibaudier. Un pliant, petit animal. Monsieur Tibaudier mettez vous-là, & nous lisez vos Strophes.
MONSIEUR TIBAUDIER.
Une personne de qualité
Ravit mon ame,
Elle a de la beauté,
J'ay de la flâme;
Mais je la blâme
D'avoir de la fierté.
LE VICOMTE.
Je suis perdu aprés cela.
LA COMTESSE.
Le premier Vers est beau, une personne de qualité.
JULIE.
Je croy qu'il est un peu trop long, mais on peut prendre une licence pour dire une belle pensée.
LA COMTESSE.
Voyons l'autre Strophe.
MONSIEUR TIBAUDIER.
Je ne sçay pas si vous doutez de mon parfait
  amour;
Mais je sçay bien que mon cœur à toute heure
Veut quitter sa chagrine demeure,
Pour aller par respect faire au vostre sa Cour:

COMEDIE.

Aprés cela pourtant, seure de ma tendresse,
Et de ma foy, dont unique est l'espece,
Vous devriez à vostre tour
Vous contentant d'estre Comtesse,
Vous dépoüiller en ma faveur, d'une peau de
  tigresse,
Qui couvre vos appas, la nuit comme le jour.

LE VICOMTE.
Me voilà suplanté, moy, par Monsieur Tibaudier.

LA COMTESSE.
Ne pensez pas vous mocquer, pour des Vers faits dans la Province, ces Vers-là sont fort beaux.

LE VICOMTE.
Comment, Madame, me mocquer ? Quoy que son Rival, je trouve ces Vers admirables, & ne les appelle pas seulement deux Strophes, comme vous, mais deux Epigrammes, aussi bonnes que toutes celles de Martial.

LA COMTESSE.
Quoy, Martial fait-il des Vers, je pensois qu'il ne fist que des gans ?

MONSIEUR TIBAUDIER.
Ce n'est pas ce Martial-là, Madame, c'est un Autheur qui vivoit il y a trente, ou quarante ans.

LE VICOMTE.
Monsieur Tibaudier a leu les Autheurs, comme vous le voyez. Mais allons voir, Madame, si ma Musique & ma Comedie, avec mes entrées de Ballet, pourront combatre dans vostre esprit les progrés des deux Strophes, & du billet que nous venons de voir.

LA COMTESSE.
Il faut que mon Fils le Comte soit de la partie, car il est arrivé ce matin de mon Chasteau avec son Precepteur, que je voy là dedans.

SCENE VI.

MONSIEUR BOBINET, Mr TIBAUDIER, LA COMTESSE, LE VICOMTE, JULIE, ANDRE'E, CRIQUET.

LA COMTESSE.

Hola, Monsieur Bobinet, Monsieur Bobinet, approchez-vous du monde.

MONSIEUR BOBINET.

Je donne le bon Vespres à toute l'honorable compagnie. Que desire Madame la Comtesse d'Escarbagnas, de son tres-humble Serviteur Bobinet ?

LA COMTESSE.

A quelle heure, Monsieur Bobinet, estes vous party d'Escarbagnas, avec mon Fils le Comte ?

MONSIEUR BOBINET.

A huit heures trois quarts, Madame, comme vostre commandement me l'avoit ordonné.

LA COMTESSE.

Comment se portent mes deux autres Fils, le Marquis, & le Commandeur ?

MONSIEUR BOBINET.

Ils sont, Dieu grace, Madame, en parfaite santé.

LA COMTESSE.

Où est le Comte ?

MONSIEUR BOBINET.

Dans vostre belle chambre à alcove, Madame.

LA COMTESSE.

Que fait-il, Monsieur Bobinet ?

COMEDIE.

MONSIEUR BOBINET.

Il compose un Thême, Madame, que je viens de luy dicter, sur une Epistre de Ciceron.

LA COMTESSE.

Faites-le venir, Monsieur Bobinet.

MONSIEUR BOBINET.

Soit fait, Madame, ainsi que vous le commandez.

LE VICOMTE.

Ce Monsieur Bobinet, Madame, a la mine fort sage, & je croy qu'il a de l'esprit.

SCENE VII.

LA COMTESSE, LE VICOMTE, JULIE, LE COMTE, MONSIEUR BOBINET, MONSIEUR TIBAUDIER, ANDRE'E, CRIQUET.

MONSIEUR BOBINET.

Allons, Monsieur le Comte, faites voir que vous, profitez des bons documens qu'on vous donne. La reverence à toute l'honneste assemblée.

LA COMTESSE.

Comte, saluez Madame. Faites la reverence à Monsieur le Vicomte, saluez Monsieur le Conseiller.

MONSIEUR TIBAUDIER.

Je suis ravy, Madame, que vous me concediez la grace d'embrasser Monsieur le Comte vostre Fils. On ne peut pas aymer le tronc, qu'on n'ayme aussi les branches.

LA COMTESSE.
Mon Dieu, Monsieur Tibaudier, de quelle comparaison vous servez vous-là ?
JULIE.
En verité, Madame, Monsieur le Comte a tout à fait bon air.
LE VICOMTE.
Voilà un jeune Gentil-homme qui vient bien dans le monde.
JULIE.
Qui diroit que Madame eust un si grand enfant ?
LA COMTESSE.
Helas! quand je le fis, j'estois si jeune que je me joüois encore avec une poupée.
JULIE.
C'est Monsieur vostre frere, & non pas Monsieur vostre Fils.
LA COMTESSE.
Monsieur Bobinet, ayez bien soin au moins de son éducation.
MONSIEUR BOBINET.
Madame, je n'oubliray aucune chose pour cultiver cette jeune plante, dont vos bontez m'ont fait l'honneur de me confier la conduite, & je tâcheray de luy inculquer les semences de la vertu.
LA COMTESSE.
Monsieur Bobinet, faites luy un peu dire quelque petite galanterie de ce que vous luy apprenez.
MONSIEUR BOBINET.
Allons, Monsieur le Comte, recitez vostre leçon d'hier au matin.
LE COMTE.
Omne viro soli quod convenit, esto virile. Omne vri....

COMEDIE.
LA COMTESSE.
Fy, Monsieur Bobinet, quelles sottises est-ce que vous luy apprenez-là?
MONSIEUR BOBINET.
C'est du Latin, Madame, & la premiere regle de Jean Despautere.
LA COMTESSE.
Mon Dieu, ce Jean Despautere-là est un insolent, & je vous prie de luy enseigner du Latin plus honneste que celuy-là.
MONSIEUR BOBINET.
Si vous voulez, Madame, qu'il acheve, la glose expliquera ce que cela veut dire.
LA COMTESSE.
Non, non, cela s'explique assez.
CRIQUET.
Les Comediens envoyent dire qu'ils sont tout prests.
LA COMTESSE.
Allons nous placer. Monsieur Tibaudier, prenez Madame.
LE VICOMTE.
Il est necessaire de dire, que cette Comedie n'a esté faite que pour lier ensemble les differents morceaux de Musique, & de danse, dont on a voulu composer ce divertissement, & que,...
LA COMTESSE.
Mon Dieu voyons l'affaire, on a assez d'esprit pour comprendre les choses.
LE VICOMTE.
Qu'on commence le plûtost qu'on pourra, & qu'on empesche, s'il se peut, qu'aucun fâcheux ne vienne troubler nostre divertissement.

Aprés que les Violons ont quelque peu joüé, & que toute la Compagnie est assise.

Tome VIII. K

SCENE VIII.

LA COMTESSE, LE COMTE, LE VICOMTE, JULIE, Mr HARPIN, MONSIEUR TIBAUDIER, *aux pieds de la Comtesse.* MONSIEUR BOBINET, ANDRE'E.

MONSIEUR HARPIN.

PArbleu la chose est belle, & je me réjoüis de voir ce que je voy.

LA COMTESSE.

Hola, Monsieur le Receveur, que voulez-vous donc dire avec l'action que vous faites, vient-on interrompre comme cela une Comedie?

MONSIEUR HARPIN.

Morbleu, Madame, je suis ravy de cette avanture, & cecy me fait voir ce que je doy croire de vous, & l'assurance qu'il y a au don de vostre cœur, & aux sermens que vous m'avez faits de sa fidelité.

LA COMTESSE.

Mais vrayment, on ne vient point ainsi se jetter au travers d'une Comedie, & troubler un Acteur qui parle.

MONSIEUR HARPIN.

Eh teste-bleu la veritable Comedie qui se fait icy, c'est celle que vous joüez, & si je vous trouble, c'est dequoy je me soucie peu.

LA COMTESSE.

En verité vous ne sçavez ce que vous dites.

COMEDIE.

MONSIEVR HARPIN.
Si fait morbleu je le sçay bien, je le sçay bien, morbleu, &....

LA COMTESSE.
Eh fy, Monsieur, que cela est vilain de jurer de la sorte.

MONSIEVR HARPIN.
Eh ventrebleu, s'il y a icy quelque chose de vilain, ce ne sont point mes juremens, ce sont vos actions, & il vaudroit bien mieux que vous jurassiez, vous, la teste, la mort & la sang, que de faire ce que vous faites avec Monsieur le Vicomte.

LE VICOMTE.
Je ne sçay pas, Monsieur le Receveur, dequoy vous vous plaignez, & si....

MONSIEVR HARPIN.
Pour vous, Monsieur, je n'ay rien à vous dire, vous faites bien de pousser vostre pointe, cela est naturel, je ne le trouve point étrange, & je vous demande pardon si j'interromps vostre Comedie; mais vous ne devez point trouver étrange aussi que je me plaigne de son procedé, & nous avons raison tous deux de faire ce que nous faisons.

LE VICOMTE.
Je n'ay rien à dire à cela, & ne sçay point les sujets de plaintes, que vous pouvez avoir contre Madame la Comtesse d'Escarbagnas.

LA COMTESSE.
Quand on a des chagrins jaloux, on n'en use point de la sorte, & l'on vient doucement se plaindre à la personne que l'on ayme.

MONSIEVR HARPIN.
Moy me plaindre doucement?

LA COMTESSE.
Oüy. L'on ne vient point crier de dessus un

Theatre, ce qui se doit dire en particulier.

MONSIEUR HARPIN.

J'y viens moy morbleu tout exprés, c'est le lieu qu'il me faut, & je soûhaiterois que ce fust un Theatre public, pour vous dire avec plus d'éclat toutes vos veritez.

LA COMTESSE.

Faut-il faire un si grand vacarme pour une Comedie, que Monsieur le Vicomte me donne? vous voyez que Monsieur Tibaudier qui m'ayme en use plus respectueusement que vous.

MONSIEUR HARPIN.

Monsieur Tibaudier en use comme il luy plaist, je ne sçay pas de quelle façon Monsieur Tibaudier a esté avec vous, mais Monsieur Tibaudier n'est pas un exemple pour moy, & je ne suis point d'humeur à payer les Violons pour faire danser les autres.

LA COMTESSE.

Mais vrayment, Monsieur le Receveur, vous ne songez pas à ce que vous dites, on ne traite point de la sorte les Femmes de qualité, & ceux qui vous entendent croiroient qu'il y a quelque chose d'étrange entre vous & moy.

MONSIEUR HARPIN.

Hé ventrebleu, Madame, quittons la faribole.

LA COMTESSE.

Que voulez-vous donc dire, avec vostre quittons la faribole?

MONSIEUR HARPIN.

Je veux dire, que je ne trouve point étrange que vous vous rendiez au merite de Monsieur le Vicomte, vous n'estes pas la premiere Femme qui joüe dans le monde de ces sortes de caracteres, & qui ait auprés d'elle un Monsieur le Receveur, dont on luy voit trahir, & la passion, & la bour-

COMEDIE. 117

se pour le premier venu qui luy donnera dans la veuë; mais ne trouvez point étrange aussi que je ne sois point la dupe d'une infidelité si ordinaire aux coquettes du temps, & que je vienne vous assurer devant bonne compagnie, que je romps commerce avec vous, & que Monsieur le Receveur ne sera plus pour vous Monsieur le donneur.

LA COMTESSE.

Cela est merveilleux, comme les Amans emportez deviennent à la mode; on ne voit autre chose de tous costez. Là, là, Monsieur le Receveur, quittez vostre colere, & venez prendre place pour voir la Comedie.

MONSIEUR HARPIN.

Moy, morbleu prendre place, cherchez vos benets à vos pieds. Je vous laisse, Madame la Comtesse, à Monsieur le Vicomte, & ce sera à luy que j'envoyray tantost vos lettres. Voilà ma Scene faite, voilà mon rôle joüé. Serviteur à la compagnie.

MONSIEUR TIBAUDIER.

Monsieur le Receveur, nous nous verrons autre part qu'y-cy, & je vous feray voir, que je suis au poil, & à la plume.

MONSIEUR HARPIN.

Tu as raison, Monsieur Tibaudier.

LA COMTESSE.

Pour moy je suis confuse de cette insolence.

LE VICOMTE.

Les jaloux, Madame, sont comme ceux qui perdent leur procés, ils ont permission de tout dire. Prestons silence à la Comedie.

SCENE DERNIERE.

LA COMTESSE, LE VICOMTE, LE COMTE, JULIE, Mr TIBAUDIER, MONSIEUR BOBINET, ANDRE'E, JEANNOT, CRIQUET.

JEANNOT.

Voilà un billet, Monsieur, qu'on nous a dit de vous donner viste.

LE VICOMTE lit.

En cas que vous ayez quelque mesure à prendre, je vous envoye promptement un avis. La querelle de vos Parens & de ceux de Julie, vient d'estre accommodée, & les conditions de cet accord, c'est le Mariage de vous, & d'elle. Bon soir.

Ma foy, Madame, voilà nostre Comedie achevée aussi.

JULIE.

Ah ! Cleante quel bon-heur ! nostre amour eust il osé esperer un si heureux succés ?

LA COMTESSE.

Comment donc, qu'est-ce que cela veut dire ?

LE VICOMTE.

Cela veut dire, Madame, que j'épouse Julie, & si vous m'en croyez, pour rendre la Comedie complette de tout point, vous épouserez Monsieur Tibaudier, & donnerez Mademoiselle Andrée à son Laquais, dont il fera son Valet de chambre.

LA COMTESSE.

Quoy jouer de la sorte une personne de ma qualité ?

LE VICOMTE.

C'est sans vous offencer, Madame, & les Comedies veulent de ces sortes de choses.

LA COMTESSE.

Oüy, Monsieur Tibaudier, je vous épouse, pour faire enrager tout le monde.

MONSIEUR TIBAUDIER.

Ce m'est bien de l'honneur, Madame.

LE VICOMTE.

Souffrez, Madame, qu'en enrageant, nous puissions voir icy le reste du spectacle.

BOUTS-RIMEZ COMMANDEZ
sur le bel Air.

Ue vous m'embarrassez avec vostre - - - grenoüille,
Qui traisne à ses talons le doux mot d'- - hipocras,
Je hay des bouts-rimez le pueril - - - - - - - - - - fatras,
Et tiens qu'il vaudroit mieux filer une - - - quenoüille.

La gloire du bel air n'a rien qui me - - - chatoüille,
Vous m'assommez l'esprit avec un gros - - - - - platras,
Et je tiens heureux ceux qui sont morts à - - - Coutras,
Voyant tout le papier qu'en Sonnets on - - - barboüille,

M'accable derechef la haine du - - - - - - - - - - cagot,
Plus méchant mille fois, que n'est un vieux - - magot,
Plûtost qu'un bout-rimé me fasse entrer en - - - dance.

Je vous le chante clair, comme un - - - chardonneret,
Au bout de l'Univers je fuys dans une - - - - manse,
Adieu, grand Prince, adieu, tenez-vous - - - guilleret.

FIN.

LE MALADE IMAGINAIRE

LE MALADE IMAGINAIRE,

COMEDIE
MESLE'E DE MUSIQUE
ET
DE DANSES.

Par Monsieur de MOLIERE.

Corrigée sur l'original de l'Autheur, de toutes les fausses additions & suppositions de Scenes entieres, faites dans les Editions precedentes.

Représentée pour la premiere fois, sur le Theatre de la Salle du Palais Royal, le dixiéme Février 1673.
Par la Troupe du Roy.

L ij

LE MALADE IMAGINAIRE,

COMEDIE MESLE'E DE MUSIQUE ET DE DANSES.

LE PROLOGUE.

PRES les glorieuses fatigues, & les Exploits victorieux de noftre Augufte Monarque ; il eft bien jufte que tous ceux qui fe meflent d'écrire, travaillent ou à fes loüanges, ou à fon divertiffement. C'eft ce qu'icy l'on a voulu faire, & ce Prologue eft un effay des Loüanges de ce grand Prince, qui donne Entrée à la Comedie du *Malade Imaginaire*, dont le projet a efté fait pour le délaffer de fes nobles travaux.

La Decoration represente un lieu Champeftre, & neantmoins fort agreable.

ECLOGUE

En Musique & en Danse.

FLORE, PAN, CLIMENE, DAPHNÉ,
TIRCIS, DORILAS, DEUX ZEPHIRS,
TROUPPE DE BERGERES, ET DE
BERGERS.

FLORE.

Quittez, quittez vos Troupeaux,
Venez Bergers, venez Bergeres,
Accourez, accourez sous ces tendres Ormeaux ;
Je viens vous annoncer des nouvelles bien cheres,
Et réjoüir tous ces Hameaux.
Quittez, quittez vos Troupeaux,
Venez Bergers, venez Bergeres,
Accourez, accourez, sous ces tendres Ormeaux.

CLIMENE, ET DAPHNÉ.

Berger laissons-là tes feux,
Voilà Flore qui nous appelle.

TIRCIS, ET DORILAS.

Mais au moins dy-moy, cruelle.

TIRCIS.

Si d'un peu d'amitié tu payeras mes vœux ?

DORILAS.

Si tu seras sensible à mon ardeur fidelle ?

CLIMENE, ET DAPHNÉ.

Voilà Flore qui nous appelle.

TIRCIS, ET DORILAS.

Ce n'est qu'un mot, un mot, un seul mot que je veux.

TIRCIS.

Languiray-je toûjours dans ma peine mortelle ?

COMÉDIE.
DORILAS.
Puis-je esperer qu'un jour tu me rendras heureux?
CLIMENE, ET DAPHNÉ.
Voilà Flore qui nous appelle.

ENTRÉE DE BALLET.

Toute la Trouppe des Bergers & des Bergeres, va se placer en cadence autour de Flore.

CLIMENE.
Quelle nouvelle parmy nous,
Déesse, doit jetter tant de réjoüissance?
DAPHNÉ.
Nous brûlons d'apprendre de vous
Cette nouvelle d'importance.
DORILAS.
D'ardeur nous en soûpirons tous.
TOUS ENSEMBLE.
Nous en mourons d'impatience.
FLORE.
La voicy, silence, silence.
Vos vœux sont exaucez, LOUIS est de retour,
Il ramene en ces lieux les Plaisirs & l'Amour,
Et vous voyez finir vos mortelles alarmes,
Par ses vastes Exploits son bras voit tout soûmis,
Il quitte les armes
Faute d'ennemis.
TOUS.
Ah quelle douce nouvelle!
Qu'elle est grande! qu'elle est belle!
Que de plaisirs! que de ris! que de jeux!
Que de succez heureux!
Et que le Ciel a bien remply nos vœux,
Ah quelle douce nouvelle!
Qu'elle est grande! qu'elle est belle!

AUTRE ENTRÉE DE BALLET.

Tous les Bergers & Bergeres, expriment par des Danses les transports de leur joye.

FLORE.
De vos Flutes bocageres
Réveillez les plus beaux sons ;
LOUIS offre à vos Chansons
La plus belle des matieres.
Aprés cent combats,
Où cueille son bras
Une ample victoire :
Formez entre vous
Cent combats plus doux,
Pour chanter sa gloire.

TOUS.
Formons entre-nous
Cent combats plus doux,
Pour chanter sa gloire.

FLORE.
Mon jeune Amant dans ce bois,
Des presens de mon empire
Prepare un prix à la voix,
Qui sçaura le mieux nous dire
Les vertus & les Exploits
Du plus Auguste des Rois.

CLIMENE.
Si Tircis a l'avantage.

DAPHNÉ.
Si Dorilas est vainqueur.

CLIMENE.
A le cherir je m'engage.

DAPHNÉ.
Je me donne à son ardeur.

COMEDIE.
TIRCIS.
O trop chere esperance!
DORILAS.
O mot plein de douceur!
TOUS-DEUX.
Plus beau sujet, plus belle récompense
Peuvent-ils animer un cœur?

Les Violons joüent un Air pour animer les deux Bergers au combat, tandis que Flore comme Juge va se placer au pied d'un bel arbre, qui est au milieu du Theatre, avec deux Zephirs, & que le reste comme Spectateurs va occuper les deux costez de la Scene.

TIRCIS.
Quand la neige fonduë enfle un torrent fameux,
Contre l'effort soudain de ses flots écumeux
   Il n'est rien d'assez solide;
Digues, Chasteaux, Villes, & Bois,
Hommes, & Troupeaux à la fois,
Tout cede au courant qui le guide,
Tel, & plus fier & plus rapide,
Marche LOUIS dans ses Exploits.

BALLET.

Les Bergers & Bergeres du costé de Tircis, dansent autour de luy sur une Ritornelle, pour exprimer leurs applaudissemens.

DORILAS.
Le foudre menaçant qui perce avec fureur
L'affreuse obscurité de la nuë enflammée,
   Fait d'épouvente & d'horreur
   Trembler le plus ferme cœur:
   Mais à la teste d'une armée
   LOUIS jette plus de terreur.

BALLET.

Les Bergers & Bergeres du costé de Dorilas, font de mesme que les autres.

TIRCIS.

Des fabuleux Exploits que la Grece a chantez,
Par un brillant amas de belles veritez,
Nous voyons la gloire effacée,
Et tous ces fameux demy-dieux,
Que vante l'Histoire passée
Ne sont point à nostre pensée,
Ce que LOVIS est à nos yeux.

BALLET.

Les Bergers & Bergeres de son costé, font encore la mesme chose.

DORILAS.

LOVIS fait à nos temps par ses faits inoüis
Croire tous les beaux faits que nous chante l'histoire
Des Siecles évanoüis ;
Mais nos Neveux dans leur gloire,
N'auront rien qui fasse croire
Tous les beaux faits de LOVIS.

BALLET.

Les Bergeres de son costé font encore de mesme, aprés quoy les deux partis se meslent.

PAN, suivy de six Faunes.

Laissez, laissez, Bergers, ce dessein temeraire,
Hé, que voulez-vous faire ?
Chanter sur vos chalumeaux,
Ce qu'Apollon sur sa Lyre
Avec ses chants les plus beaux,
N'entreprendroit pas de dire ?
C'est donner trop d'essor au feu qui vous inspire,
C'est monter vers les Cieux sur des aisles de cire,
Pour tomber dans le fonds des Eaux.

COMEDIE.

pour chanter de LOVIS l'intrepide courage;
 Il n'est point d'assez docte voix,
Point de mots assez grands pour en tracer l'Image;
 Le silence est le langage
 Qui doit loüer ses Exploits.
Consacrez d'autres soins à sa pleine Victoire,
Vos loüanges n'ont rien qui flate ses desirs,
 Laissez, laissez-là sa gloire
 Ne songez qu'à ses plaisirs.

TOUS.

 Laissons, laissons-là sa gloire
 Ne songeons qu'à ses plaisirs.

FLORE.

Bien que pour étaler ses vertus immortelles
 La force manque à vos esprits.
Ne laissez-pas tous deux de recevoir le prix.
 Dans les choses grandes & belles
 Il suffit d'avoir entrepris.

ENTRE'E DE BALLET.

Les deux Zephirs dansent avec deux couronnes de Fleurs à la main, qu'ils viennent donner ensuite aux deux Bergers.

CLIMENE ET DAPHNE',
en leur donnant la main.

 Dans les choses grandes & belles
 Il suffit d'avoir entrepris.

TIRCIS ET DORILAS.

Ha! que d'un doux succés nostre audace est suivie.

FLORE ET PAN.

Ce qu'on fait pour LOVIS, on ne le perd jamais.

LES QUATRE AMANS.

Au soin de ses plaisirs donnons-nous desormais.

LE MALADE IMAGINAIRE, FLORE ET PAN.

Heureux, heureux, qui peut luy consacrer sa vie.

TOUS.

Joignons tous dans ces bois
Nos flutes & nos voix,
Ce jour nous y convie,
Et faisons aux Echos redire mille fois,
LOVIS est le plus grand des Rois.
Heureux, heureux, qui peut luy consacrer sa vie.

DERNIERE ET GRANDE ENTRÉE DE BALLET.

Faunes, Bergers & Bergeres tous se meslent, & il se fait entr'eux des jeux de danse, aprés quoy ils se vont preparer pour la Comedie.

AUTRE PROLOGUE.

Votre plus haut sçavoir n'est que pure chimere,
  Vains & peu sages Medecins,
Vous ne pouvez guerir par vos grands mots Latins
  La douleur qui me desespere.
Votre plus haut sçavoir n'est que pure chimere.

  Helas ! helas ! je n'ose découvrir
   Mon amoureux martyre,
   Au Berger pour qui je soûpire,
   Et qui seul peut me secourir.
   Ne pretendez pas le finir,
Ignorans Medecins, vous ne sçauriez le faire,
Votre plus haut sçavoir n'est que pure chimere.

Ces remedes peu seurs, dont le simple vulgaire
Croit que vous connoissez l'admirable vertu,
Pour les maux que je sens n'ont rien de salutaire,
Et tout votre caquet ne peut estre reçû,
 Que d'un MALADE IMAGINAIRE.
 Votre plus haut sçavoir n'est que pure chimere,
  Vains & peu sages, &c.

Le Theatre change & represente une Chambre.

ACTEURS.

ARGAN, Malade Imaginaire.

BELINE, seconde femme d'Argan.

ANGELIQUE, Fille d'Argan & Amante de Cleante.

LOUISON, petite Fille d'Argan, & Sœur d'Angelique.

BERALDE, Frere d'Argan.

CLEANTE, Amant d'Angelique.

MONSIEUR DIAFOIRUS, Medecin.

THOMAS DIAFOIRUS, son Fils, & Amant d'Angelique.

MONSIEUR PURGON, Medecin d'Argan.

MONSIEUR FLEURANT, Apotiquaire.

MONSIEUR BONNEFOY, Notaire.

TOINETTE, Servante.

La Scene est à Paris.

ACTE I.
SCENE PREMIERE.

ARGAN seul dans sa chambre assis, une table devant luy, compte des Parties d'Apotiquaire avec des jettons; il fait parlant à luy-mesme les dialogues suivans.

ROIS & deux font cinq, & cinq font dix, & dix font vingt. Trois & deux font cinq. Plus du vingt-quatriéme, un petit Clystere insinuatif, préparatif, & remolliant pour amollir, humecter, & rafraîchir les entrailles de Monsieur. Ce qui me plaist, de Monsieur Fleurant mon Apothiquaire, c'est que ses parties sont toûjours fort civiles. Les entrailles de Monsieur, trente sols. Oüy, mais Monsieur Fleurant, ce n'est pas tout que d'estre civil, il faut estre aussi raisonnable, & ne pas écorcher les Malades. Trente sols un lavement, je suis vostre Serviteur, je vous l'ay déja dit. Vous ne me les avez mis dans les autres Parties qu'à vingt sols, & vingt sols en langage d'Apothiquaire, c'est à dire dix sols; les voilà dix sols. Plus dudit jour, un bon Clystere détersif, composé avec catholicon double, rhubarbe, miel rosat, & autres, suivant l'ordonnance, pour balayer, laver, & nettoyer le bas ventre de Monsieur, trente sols; avec vô-

tre permission dix sols. Plus dudit jour le soir un julep hepatique, soporatif, & somnifere, composé pour faire dormir Monsieur, trente cinq sols ; je ne me plains pas de celuy-là, car il me fit bien dormir. Dix, quinze, seize & dix sept sols six deniers. Plus du vingt-cinquiéme, une bonne medecine purgative & corroborative, composée de casse récente avec sené levantin, & autres, suivant l'ordonnance de Monsieur Purgon, pour expulser & évacuer la bile de Monsieur, quatre livres. Ah ! Monsieur Fleurant, c'est se mocquer, il faut vivre avec les Malades. Monsieur Purgon ne vous a pas ordonné de mettre quatre francs. Mettez, mettez trois livres, s'il vous plaist. Vingt & trente sols. Plus dudit jour, une potion anodine, & astringente pour faire reposer Monsieur, trente sols. Bon.. dix, & quinze sols. Plus du vingt-sixiéme, un clystere carminatif pour chasser les vents de Monsieur, trente sols. Dix sols, Monsieur Fleurant. Plus le clystere de Monsieur reiteré le soir, comme dessus, trente sols. Monsieur Fleurant, dix sols. Plus du vingt-septiéme, une bonne medecine composée pour haster d'aller, & chasser dehors les mauvaises humeurs de Monsieur, trois livres. Bon, vingt, & trente sols ; je suis bien aise que vous soyez raisonnable. Plus du vingt-huitiéme, une prise de petit lait clarifié, & dulcoré, pour adoucir, lenifier, temperer, & rafraîchir le sang de Monsieur, vingt sols. Bon, dix sols. Plus une potion cordiale & préservative, composée avec douze grains de bezoard, sirops de limon & grenade, & autres suivant l'ordonnance, cinq livres. Ah ! Monsieur Fleurant, tout doux, s'il vous plaist, si vous en usez comme cela, on ne voudra plus estre malade, contentez-vous de quatre francs ;

vingt

COMEDIE. 137

vingt & quarante sols. Trois, & deux font cinq, & cinq font dix, & dix font vingt. Soixante & trois livres quatre sols six deniers. Si bien donc, que de ce mois j'ay pris une, deux, trois, quatre, cinq, six, sept & huit medecines ; & un, deux, trois, quatre, cinq, six, sept, huit, neuf, dix, onze, & douze lavemens ; & l'autre mois il y avoit douze medecines, & vingt lavemens. Je ne m'étonne pas, si je ne me porte pas si bien ce mois-cy, que l'autre. Je le diray à Monsieur Purgon, afin qu'il mette ordre à cela. Allons, qu'on m'oste tout cecy, il n'y a personne ; j'ay beau dire, on me laisse toûjours seul ; il n'y a pas moyen de les arrester icy. *Il sonne une sonnette pour faire venir ses gens.* Ils n'entendent point, & ma sonnette ne fait pas assez de bruit. Drelin, drelin, drelin, point d'affaire. Drelin, drelin, drelin, ils sont sourds. Toinette. Drelin, drelin, drelin. Tout comme si je ne sonnois point. Chienne, coquine, drelin, drelin, drelin ; j'enrage. *Il ne sonne plus, mais il crie.* Drelin, drelin, drelin. Carogne, à tous les diables. Est-il possible qu'on laisse comme cela un pauvre malade tout seul ! Drelin, drelin, drelin ; voilà qui est pitoyable ! Drelin, drelin, drelin. Ah ! mon Dieu, ils me laisseront icy mourir. Drelin, drelin, drelin.

Tome VIII.   M

SCENE II.

TOINETTE, ARGAN.

TOINETTE *en entrant dans la chambre*

On y va.

ARGAN.

Ah! chienne! ah carogne....

TOINETTE *faisant semblant de s'estre cognée la teste.*

Diantre soit fait de vostre impatience, vous pressez si fort les personnes, que je me suis donné un grand coup de la teste contre la carne d'un volet.

ARGAN *en colere.*

Ah! traistresse....

TOINETTE *pour l'interrompre & l'empescher de crier, se plaint toûjours, en disant.*

Ha!

ARGAN.

Il y a....

TOINETTE.

Ha!

ARGAN.

Il y a une heure....

TOINETTE.

Há!

ARGAN.

Tu m'as laissé....

TOINETTE.

Ha!

COMÉDIE.
ARGAN.
Tay toy donc, coquine, que je te querelle.
TOINETTE.
C'amon, ma foy, j'en suis d'avis, aprés ce que je me suis fait.
ARGAN.
Tu m'as fait égosiller, carogne.
TOINETTE.
Et vous m'avez fait, vous, casser la teste, l'un vaut bien l'autre. Quitte, à quitte, si vous voulez.
ARGAN.
Quoy, coquine....
TOINETTE.
Si vous querellez, je pleureray.
ARGAN.
Me laisser, traistresse.....
TOINETTE *toûjours pour l'interrompre.*
Ha !
ARGAN.
Chienne, tu veux....
TOINETTE.
Ha !
ARGAN.
Quoy il faudra encore que je n'aye pas le plaisir de la quereller ?
TOINETTE.
Querellez tout vostre soû, je le veux bien.
ARGAN.
Tu m'en empesches, chienne, en m'interrompant à tous coups.
TOINETTE.
Si vous avez le plaisir de quereller, il faut bien que de mon costé j'aye le plaisir de pleurer ; chacun le sien ce n'est pas trop. Ha !

ARGAN.

Allons, il faut en passer par-là. Oste-moy cecy, coquine, oste-moy cecy. *Argan se leve de sa chaise.* Mon lavement d'aujourd'huy a-t-il bien operé?

TOINETTE.

Vostre lavement?

ARGAN.

Oüy. Ay-je bien fait de la bile?

TOINETTE.

Ma foy je ne me mesle point de ces affaires-là, c'est à Monsieur Fleurant à y mettre le nez, puis qu'il en a le profit.

ARGAN.

Qu'on ait soin de me tenir un boüillon prest, pour l'autre que je dois tantost prendre.

TOINETTE.

Ce Monsieur Fleurant-là, & ce Monsieur Purgon s'égayent bien sur vostre corps; ils ont en vous une bonne vache à lait; & je voudrois bien leur demander quel mal vous avez, pour vous faire tant de remedes.

ARGAN.

Taisez-vous, ignorante, ce n'est pas à vous a contrôler les ordonnances de la Medecine. Qu'on me fasse venir ma fille Angelique, j'ay à luy dire quelque chose.

TOINETTE.

La voicy qui vient d'elle-mesme; elle a deviné vostre pensée.

COMEDIE. 141

SCENE III.

ANGELIQUE, TOINETTE, ARGAN.

ARGAN.

Approchez, Angelique, vous venez à propos, je voulois vous parler.
ANGELIQUE.
Me voilà preste à vous oüir.
ARGAN *courant au bassin.*
Attendez. Donnez-moy mon bâton. Je vay revenir tout à l'heure.
TOINETTE *en le raillant.*
Allez viste, Monsieur, allez. Monsieur Fleurant nous donne des affaires.

SCENE IV.

ANGELIQUE, TOINETTE.

ANGELIQUE *la regardant d'un œil languissant, luy dit confidemment.*

Toinette.
TOINETTE.
Quoy ?
ANGELIQUE.
Regardez-moy un peu.

M iij

TOINETTE.

Hé bien je vous regarde.

ANGELIQUE.

Toinette.

TOINETTE.

Hé bien, quoy, Toinette ?

ANGELIQUE.

Ne devines-tu point dequoy je veux parler ?

TOINETTE.

Je m'en doute assez, de nostre jeune Amant ; car c'est sur luy depuis six jours que roulent tous nos entretiens ; & vous n'estes point bien si vous n'en parlez à toute heure.

ANGELIQUE.

Puisque tu connois cela, que n'es-tu donc la premiere à m'en entretenir, & que ne m'épargnes-tu la peine de te jetter sur ce discours.

TOINETTE.

Vous ne m'en donnez pas le temps, & vous avez des soins là-dessus, qu'il est difficile de prévenir.

ANGELIQUE.

Je t'avouë, que je ne sçaurois me lasser de te parler de luy, & que mon cœur profite avec chaleur de tous les momens de s'ouvrir à toy. Mais dy-moy, condamnes-tu, Toinette, les sentimens que j'ay pour luy ?

TOINETTE.

Je n'ay garde.

ANGELIQUE.

Ay-je tort de m'abandonner à ces douces impressions ?

TOINETTE.

Je ne dis pas cela.

ANGELIQUE.

Et voudrois-tu que je fusse insensible aux tendres

COMEDIE.

protestations de cette passion ardente qu'il témoigne pour moy?

TOINETTE.
A Dieu ne plaise.

ANGELIQUE.
Dy-moy un peu, ne trouves-tu pas comme moy, quelque chose du Ciel, quelque effet du destin, dans l'avanture inopinée de nostre connoissance?

TOINETTE.
Oüy.

ANGELIQUE.
Ne trouves-tu pas que cette action d'embrasser ma défence sans me connoistre, est tout à fait d'un honneste homme?

TOINETTE.
Oüy.

ANGELIQUE.
Que l'on ne peut pas en user plus genereusement?

TOINETTE.
D'accord.

ANGELIQUE.
Et qu'il fit tout cela de la meilleure grace du monde?

TOINETTE.
Oh, oüy.

ANGELIQUE.
Ne trouves-tu pas Toinette, qu'il est bien fait de sa personne?

TOINETTE.
Assurement.

ANGELIQUE.
Qu'il a l'air le meilleur du monde.

TOINETTE.
Sans doute.

ANGELIQUE.
Que ſes diſcours, comme ſes actions, ont quelque choſe de noble.

TOINETTE.
Cela eſt ſeur.

ANGELIQUE.
Qu'on ne peut rien entendre de plus paſſionné que tout ce qu'il me dit ?

TOINETTE.
Il eſt vray.

ANGELIQUE.
Et qu'il n'eſt rien de plus fâcheux, que la contrainte où l'on me tient, qui bouche tout commerce aux doux empreſſemens de cette mutuelle ardeur que le Ciel nous inſpire ?

TOINETTE.
Vous avez raiſon.

ANGELIQUE.
Mais, ma pauvre Toinette, crois-tu qu'il m'ayme autant qu'il me le dit ?

TOINETTE.
Eh, eh, ces choſes-là par fois ſont un peu ſujettes à caution. Les grimaces d'amour reſſemblent fort à la verité ; & j'ay veu de grands Comediens là-deſſus.

ANGELIQUE.
Ah ! Toinette, que dis-tu-la ? helas ! de la façon qu'il parle, ſeroit-il bien poſſible qu'il ne me diſt pas vray ?

TOINETTE.
En tout cas vous en ſerez bien-toſt éclaircie ; & la reſolution où il vous écrivit hier, qu'il eſtoit de vous faire demander en Mariage, eſt une prompte voye à vous faire connoiſtre s'il vous dit vray, ou non. C'en ſera-là la bonne preuve.

ANGELIQUE.

COMEDIE.
ANGELIQUE.
Ah! Toinette, si celuy-là me trompe, je ne croyray de ma vie aucun homme.
TOINETTE.
Voilà vostre Pere qui revient.

SCENE V.

ARGAN, ANGELIQUE, TOINETTE.

ARGAN *se met dans sa chaise.*

Ç'a, ma Fille, je vay vous dire une nouvelle, où peut-estre ne vous attendez-vous pas. On vous demande en Mariage. Qu'est-ce que cela? vous riez. Cela est plaisant, oüy, ce mot de Mariage. Il n'y a rien de plus drôle pour les jeunes Filles. Ah! nature, nature! A ce que je puis voir, ma Fille, je n'ay que faire de vous demander si vous voulez bien vous marier.
ANGELIQUE.
Je dois faire, mon Pere, tout ce qu'il vous plaira de m'ordonner.
ARGAN.
Je suis bien aise d'avoir une Fille si obeïssante, la chose est donc concluë, & je vous ay promise.
ANGELIQUE.
C'est à moy, mon Pere, de suivre aveuglement toutes vos volontez.
ARGAN.
Ma femme, vostre belle-Mere, avoit envie qu'on fe vous fisse Religieuse, & vostre petite sœur

Tome VIII.

Louyſon auſſi ; & de tout temps elle a eſté aheurtée à cela.

TOINETTE *tout bas.*

La bonne beſte a ſes raiſons.

ARGAN.

Elle ne vouloit point conſentir à ce Mariage, mais je l'ay emporté, & ma parole eſt donnée.

ANGELIQUE.

Ah ! mon Pere, que je vous ſuis obligée de toutes vos bontez.

TOINETTE.

En verité je vous ſçay bon gré de cela, & voilà l'action la plus ſage que vous ayez faite de vôtre vie.

ARGAN.

Je n'ay point encore veu la perſonne ; mais on m'a dit que j'en ſerois content, & toy auſſi.

ANGELIQUE.

Aſſurement, mon Pere.

ARGAN.

Comment l'as-tu veu ?

ANGELIQUE.

Puiſque voſtre conſentement m'authoriſe à vous pouvoir ouvrir mon cœur, je ne feindray point de vous dire, que le hazard nous a fait connoiſtre il y a ſix jours, & que la demande qu'on vous a faite, eſt un effet de l'inclination, que dés cette premiere veuë nous avons priſe l'un pour l'autre.

ARGAN.

Ils ne m'ont pas dit cela, mais j'en ſuis bien aiſe, & c'eſt tant mieux que les choſes ſoient de la ſorte. Ils diſent que c'eſt un grand jeune garçon bien fait.

ANGELIQUE.

Oüy, mon Pere.

ARGAN.
De belle taille.
ANGELIQUE.
Sans doute.
ARGAN.
Agreable de sa personne.
ANGELIQUE.
Asseurement.
ARGAN.
De bonne phisionomie.
ANGELIQUE
Tres-bonne.
ARGAN.
Sage, & bien né.
ANGELIQUE.
Tout-à-fait.
ARGAN.
Fort honneste.
ANGELIQUE.
Le plus honneste du monde.
ARGAN.
Qui parle bien Latin, & Grec.
ANGELIQUE.
C'est ce que je ne sçay pas.
ARGAN.
Et qui sera receu Medecin dans trois jours.
ANGELIQUE.
Luy, mon Pere ?
ARGAN.
Oüy. Est-ce qu'il ne te l'a pas dit?
ANGELIQUE.
Non vrayment. Qui vous l'a dit à vous?
ARGAN.
Monsieur Purgon.
ANGELIQUE.
Est-ce que Monsieur Purgon le connoist?

ARGAN.

La belle demande; il faut bien qu'il le connoisse, puisque c'est son neveu.

ANGELIQUE.

Cleante, neveu de Monsieur Purgon.

ARGAN.

Quel Cleante ? Nous parlons de celuy pour qui l'on t'a demandée en mariage.

ANGELIQUE.

Hé, oüy.

ARGAN.

Hé bien, c'est le neveu de Monsieur Purgon, qui est le fils de son beaufrere le Medecin, Monsieur Dyafoirus; & ce fils s'appelle Thomas Dyafoirus, & non pas Cleante; & nous avons conclu ce Mariage-là ce matin, Monsieur Purgon, Monsieur Fleurant & moy, & demain ce gendre prétendu doit m'estre amené par son Pere. Qu'est-ce ? vous voilà toute ébaubie ?

ANGELIQUE.

C'est, mon Pere, que je connois que vous avez parlé d'une personne, & que j'ay entendu une autre.

TOINETTE.

Quoy, Monsieur, vous auriez fait ce dessein burlesque ? & avec tout le bien que vous avez, vous voudriez marier vostre Fille avec un Medecin ?

ARGAN.

Oüy. Dequoy te mesles-tu, coquine, impudente que tu es ?

TOINETTE.

Mon Dieu tout doux, vous allez d'abord aux invectives. Est-ce que nous ne pouvons pas raisonner ensemble sans nous emporter ? Là, parlons de sang froid. Quelle est vostre raison, s'il vous plaist, pour un tel Mariage ?

COMEDIE.
ARGAN.
Ma raison est, que me voyant infirme, & malade comme je suis, je veux me faire un gendre, & des alliez Medecins, afin de m'appuyer de bons secours contre ma maladie, d'avoir dans ma famille les sources des remedes qui me sont necessaires, & d'estre à mesme des consultations, & des ordonnances.

TOINETTE.
Hé bien, voilà dire une raison, & il y a plaisir à se répondre doucement les uns aux autres. Mais, Monsieur, mettez la main à la conscience. Est-ce que vous estes malade ?

ARGAN.
Comment, coquine, si je suis malade ? si je suis malade, impudente ?

TOINETTE.
Hé bien oüy, Monsieur, vous estes malade, n'ayons point de querelle là-dessus. Oüy, vous estes fort malade, j'en demeure d'accord, & plus malade que vous ne pensez ; voilà qui est fait. Mais vostre Fille doit épouser un mary pour elle ; & n'estant point malade, il n'est pas necessaire de luy donner un Medecin.

ARGAN.
C'est pour moy que je luy donne ce Medecin ; & une Fille de bon naturel doit estre ravie d'épouser ce qui est utile à la santé de son Pere.

TOINETTE.
Ma foy, Monsieur, voulez-vous qu'en amie je vous donne un conseil ?

ARGAN.
Quel est-il ce conseil ?

TOINETTE.
De ne point songer à ce Mariage-là.

ARGAN.

Hé la raison ?

TOINETTE.

La raison, c'est que vostre Fille n'y consentira point.

ARGAN.

Elle n'y consentira point?

TOINETTE.

Non.

ARGAN.

Ma Fille ?

TOINETTE.

Vostre Fille. Elle vous dira qu'elle n'a que faire de Monsieur Dyafoirus, ny de son fils Thomas Dyafoirus, ny de tous les Dyafoirus du monde.

ARGAN.

J'en ay affaire, moy, outre que le party est plus avantageux qu'on ne pense, Monsieur Dyafoirus n'a que ce fils-là pour tout heritier ; & de plus Monsieur Purgon, qui n'a ny femme, ny enfans, luy donne tout son bien, en faveur de ce Mariage ; & Monsieur Purgon est un homme qui a huit mille bonnes livres de rente.

TOINETTE.

Il faut qu'il ait tué bien des gens, pour s'estre fait si riche.

ARGAN.

Huit mille livres de rente sont quelque chose, sans conter le bien du Pere.

TOINETTE.

Monsieur, tout cela est bel & bon ; mais j'en reviens toûjours-là. Je vous conseille entre-nous de luy choisir un autre mary, & elle n'est point faite pour estre Madame Dyafoirus.

ARGAN.

Et je veux, moy, que cela soit.

COMEDIE.
TOINETTE.
Eh fy, ne dites pas cela.
ARGAN.
Comment, que je ne dife pas cela?
TOINETTE.
Hé non.
ARGAN.
Et pourquoy ne le diray-je pas?
TOINETTE.
On dira que vous ne fongez pas à ce que vous dites.
ARGAN.
On dira ce qu'on voudra, mais je vous dis que je veux qu'elle execute la parole que j'ay donnée.
TOINETTE.
Non, je fuis feure qu'elle ne le fera pas.
ARGAN.
Je l'y forceray bien.
TOINETTE.
Elle ne le fera pas, vous dy-je.
ARGAN.
Elle le fera, ou je la mettray dans un Convent.
TOINETTE.
Vous?
ARGAN.
Moy.
TOINETTE.
Bon.
ARGAN.
Comment, bon?
TOINETTE.
Vous ne la mettrez point dans un Convent.
ARGAN.
Je ne la mettray point dans un Convent?
TOINETTE.
Non.

ARGAN.
Non.

TOINETTE.
Non.

ARGAN.
Oüais, voicy qui est plaisant. Je ne mettray pas ma Fille dans un Convent, si je veux ?

TOINETTE.
Non, vous dis-je.

ARGAN.
Qui m'en empeschera ?

TOINETTE.
Vous-mesme.

ARGAN.
Moy ?

TOINETTE.
Oüy. Vous n'aurez pas ce cœur-là.

ARGAN.
Je l'auray.

TOINETTE.
Vous vous mocquez.

ARGAN.
Je ne me mocque point.

TOINETTE.
La tendresse paternelle vous prendra.

ARGAN.
Elle ne me prendra point.

TOINETTE.
Une petite larme, ou deux, des bras jettez au coû, un mon petit Papa mignon, prononcé tendrement, sera assez pour vous toucher.

ARGAN.
Tout cela ne fera rien.

TOINETTE.
Oüy, oüy.

COMEDIE.

ARGAN.

Je vous dis que je n'en démordray point.

TOINETTE.

Bagatelles.

ARGAN.

Il ne faut point dire bagatelles.

TOINETTE.

Mon Dieu je vous connois, vous estes bon naturellement.

ARGAN *avec emportement.*

Je ne suis point bon, & je suis méchant quand je veux.

TOINETTE.

Doucement, Monsieur, vous ne songez pas que vous estes malade.

ARGAN.

Je luy commande absolument de se preparer à prendre le mary que je dis.

TOINETTE.

Et moy je luy défens absolument d'en faire rien.

ARGAN.

Où est-ce donc que nous sommes ? & quelle audace est-ce-là à une coquine de Servante, de parler de la sorte devant son Maistre ?

TOINETTE.

Quand un Maistre ne songe pas à ce qu'il fait, une Servante bien sensée est en droit de le redresser.

ARGAN *court aprés Toinette.*

Ah ! insolente, il faut que je t'assomme.

TOINETTE *se sauve de luy.*

Il est de mon devoir de m'opposer aux choses qui vous peuvent des-honorer.

ARGAN *en colere, court aprés elle autour de sa chaise son bâton à la main.*

Vien, vien, que je t'apprenne à parler.

TOINETTE *courant, & se sauvant du costé de la chaise où n'est pas Argan.*
Je m'interesse, comme je doy, à ne vous point laisser faire de folie.

ARGAN.

Chienne!

TOINETTE.

Non, je ne consentiray jamais à ce Mariage.

ARGAN.

Pendarde!

TOINETTE.

Je ne veux point qu'elle épouse vostre Thomas Dyafoirus.

ARGAN.

Carogne!

TOINETTE.

Et elle m'obeïra plûtost qu'à vous.

ARGAN.

Angelique, tu ne veux pas m'arrester cette coquine-là?

ANGELIQUE.

Eh, mon Pere, ne vous faites point malade.

ARGAN.

Si tu ne me l'arreste, je te donneray ma malediction.

TOINETTE.

Et moy je la desheriteray, si elle vous obeït.

ARGAN *se jette dans sa chaise, estant las de courir aprés elle.*
Ah! ah! je n'en puis plus. Voilà pour me faire mourir.

COMEDIE.

SCENE VI.

BELINE, ANGELIQUE, TOINETTE, ARGAN.

ARGAN.

AH! ma femme approchez.
BELINE.
Qu'avez-vous, mon pauvre mary?
ARGAN.
Venez-vous en icy à mon secours?
BELINE.
Qu'est-ce que c'est donc qu'il y a, mon petit fils?
ARGAN.
Mamie.
BELINE.
Mon amy.
ARGAN.
On vient de me mettre en colere.
BELINE.
Helas! pauvre petit mary. Comment donc mon amy?
ARGAN.
Vostre coquine de Toinette est devenuë plus insolente que jamais.
BELINE.
Ne vous passionnez donc point.
ARGAN.
Elle m'a fait enrager, mamie.
BELINE.
Doucement, mon fils.

ARGAN.
Elle a contrequarré une heure durant les choses que je veux faire.
BELINE.
Là, là, tout doux.
ARGAN.
Et a eu l'effronterie de me dire que je ne suis point malade.
BELINE.
C'est une impertinente.
ARGAN.
Vous sçavez, mon cœur, ce qui en est.
BELINE.
Oüy, mon cœur, elle a tort.
ARGAN.
Mamour, cette coquine-là me fera mourir.
BELINE.
Eh là, eh là.
ARGAN.
Elle est cause de toute la bile que je fais.
BELINE.
Ne vous fâchez point tant.
ARGAN.
Et il y a je ne sçay combien que je vous dis de me la chasser.
BELINE.
Mon Dieu, mon fils, il n'y a point de Serviteurs, & de Servantes qui n'ayent leurs défauts. On est contraint parfois de souffrir leurs mauvaises qualitez, à cause des bonnes. Celle-cy est adroite, soigneuse, diligente, & sur tout fidelle; & vous sçavez qu'il faut maintenant de grandes précautions pour les gens que l'on prend. Hola, Toinette.
TOINETTE.
Madame.

COMEDIE.

BELINE.

Pourquoy donc est-ce que vous mettez mon mary en colere?

TOINETTE *d'un ton doucereux.*

Moy, Madame, helas! je ne sçay pas ce que vous me voulez dire, & je ne songe qu'à complaire à Monsieur en toutes choses.

ARGAN.

Ah! la traistresse.

TOINETTE.

Il nous a dit qu'il vouloit donner sa Fille en Mariage au fils de Monsieur Dyafoirus; je luy ay répondu que je trouvois le party avantageux pour elle; mais que je croyois qu'il feroit mieux de la mettre dans un Convent.

BELINE.

Il n'y a pas grand mal à cela, & je trouve qu'elle a raison.

ARGAN.

Ah! mamour, vous la croyez; c'est une scelerate. Elle m'a dit cent insolences.

BELINE.

Hé bien je vous crois, mon amy. Là remettez-vous. Ecoutez, Toinette, si vous fâchez jamais mon mary, je vous mettray dehors. C'a, donnez-moy son manteau fourré, & des oreillers, que je l'accommode dans sa chaise. Vous voilà je ne sçay comment. Enfoncez bien vostre bonnet jusques sur vos oreilles; il n'y a rien qui enrhume tant, que de prendre l'air par les oreilles.

ARGAN.

Ah! mamie, que je vous suis obligé de tous les soins que vous prenez de moy.

BELINE *accommodant les oreillers qu'elle met autour d'Argan.*

Levez-vous que je mette cecy sous vous. Mettons celuy-cy pour vous appuyer, & celuy-là de l'autre costé. Mettons celuy-cy derriere vostre dos, & cet autre-là pour soûtenir vostre teste.

TOINETTE *luy mettant rudement un oreiller sur la teste, & puis fuyant.*

Et celuy-cy pour vous garder du serein.

ARGAN *se leve en colere, & jette tous les oreillers à Toinette.*

Ah ! coquine, tu veux m'étouffer.

BELINE.

Eh là, eh là. Qu'est-ce que c'est donc?

ARGAN *tout essoufflé se jette dans sa chaise.*

Ah, ah, ah ! je n'en puis plus.

BELINE.

Pourquoy vous emporter ainsi ? Elle a crû faire bien.

ARGAN.

Vous ne connoissez pas, mamour, la malice de la pendarde. Ah ! elle m'a mis tout hors de moy ; & il faudra plus de huit medecines, & de douze lavemens, pour reparer tout cecy.

BELINE.

Là, là, mon petit amy, appaisez-vous un peu.

ARGAN.

Mamie, vous estes toute ma consolation.

BELINE.

Pauvre petit fils.

ARGAN.

Pour tâcher de reconnoistre l'amour que vous me portez, je veux, mon cœur, comme je vous ay dit, faire mon Testament.

BELINE.

Ah ! mon amy, ne parlons point de cela, je vous prie, je ne sçaurois souffrir cette pensée ; & le seul mot de Testament me fait tressaillir de douleur.

ARGAN.
Je vous avois dit de parler pour cela à voſtre Notaire.
BELINE.
Le voilà là-dedans, que j'ay amené avec moy.
ARGAN.
Faites-le donc entrer mamour.
BELINE.
Helas ! mon amy, quand on ayme bien un mary, on n'eſt gueres en eſtat de ſonger à tout cela.

SCENE VII.

Cette Scene entiere n'eſt point dans les Editions precedentes, de la Proſe de Monſieur Moliere, la voicy reſtablie ſur l'original de l'Autheur.

LE NOTAIRE, BELINE, ARGAN.

ARGAN.

Approchez, Monſieur de Bonnefoy, approchez. Prenez un ſiege, s'il vous plaiſt. Ma femme m'a dit, Monſieur, que vous eſtiez fort honneſte homme, & tout-à-fait de ſes amis ; & je l'ay chargée de vous parler, pour un Teſtament que je veux faire.
BELINE.
Helas ! je ne ſuis point capable de parler de ces choſes-là.
LE NOTAIRE.
Elle m'a, Monſieur, expliqué vos intentions, &

le dessein où vous estes pour elle ; & j'ay à vous dire là-dessus, que vous ne sçauriez rien donner à vostre femme par vostre Testament.

ARGAN.

Mais pourquoy ?

LE NOTAIRE.

La Coûtume y resiste. Si vous estiez en païs de Droit écrit, cela se pourroit faire ; mais à Paris, & dans les païs Coûtumiers, au moins dans la pluspart, c'est ce qui ne se peut, & la disposition seroit nulle. Tout l'avantage qu'homme & femme conjoints par Mariage se peuvent faire l'un à l'autre, c'est un don mutuel entre-vifs ; encore faut-il qu'il n'y ait enfans, soit des deux conjoints, ou de l'un d'eux, lors du decés du premier mourant.

ARGAN.

Voilà une Coûtume bien impertinente, qu'un mary ne puisse rien laisser à une femme, dont il est aymé tendrement, & qui prend de luy tant de soin. J'aurois envie de consulter mon Avocat, pour voir comment je pourrois faire.

LE NOTAIRE.

Ce n'est point à des Avocats qu'il faut aller, car ils sont d'ordinaire severes là-dessus, & s'imaginent que c'est un grand crime, que de disposer en fraude de la Loy. Ce sont gens de difficultez, & qui sont ignorans des détours de la conscience. Il y a d'autres personnes à consulter, qui sont bien plus accommodantes ; qui ont des expediens pour passer doucement par dessus la Loy, & rendre juste ce qui n'est pas permis ; qui sçavent applanir les difficultez d'une affaire, & trouver des moyens d'éluder la Coûtume, par quelque avantage indirect. Sans cela, où en serions-nous tous les jours ; il faut de la facilité dans les choses,

COMEDIE.

es, autrement nous ne ferions rien, & je ne donnerois pas un foû de noftre meftier.

ARGAN.

Ma femme m'avoit bien dit, Monfieur, que vous eftiez fort habile, & fort honnefte homme. Comment puis-je faire, s'il vous plaift, pour luy donner mon bien, & en fruftrer mes enfans ?

LE NOTAIRE.

Comment vous pouvez faire ? Vous pouvez choifir doucement un amy intime de voftre femme, auquel vous donnerez en bonne forme par vôtre Teftament tout ce que vous pouvez ; & cet amy en fuite luy rendra tout. Vous pouvez encore contracter un grand nombre d'obligations, non fufpectes, au profit de divers Creanciers, qui prefteront leur nom à voftre femme, & entre les mains de laquelle ils mettront leur déclaration, que ce qu'ils en ont fait n'a efté que pour luy faire plaifir. Vous pouvez auffi, pendant que vous eftes en vie, mettre entre fes mains de l'argent comptant, ou des billets que vous pourrez avoir, payables au porteur.

BELINE.

Mon Dieu, il ne faut point vous tourmenter de tout cela. S'il vient faute de vous, mon fils, je ne veux plus refter au monde.

ARGAN.

Mamie.

BELINE.

Oüy, mon amy, fi je fuis affez mal-heureufe, pour vous perdre.

ARGAN.

Ma chere femme !

BELINE.

La vie ne me fera plus de rien.

Tome VIII.

ARGAN.
Mamour !
BELINE.
Et je suivray vos pas, pour vous faire connoistre la tendresse que j'ay pour vous.
ARGAN.
Mamie, vous me fendez le cœur. Consolez-vous je vous en prie.
LE NOTAIRE.
Ces larmes sont hors de saison, & les choses n'en sont point encore-là.
BELINE.
Ah ! Monsieur, vous ne sçavez pas ce que c'est qu'un mary, qu'on ayme tendrement.
ARGAN.
Tout le regret que j'auray, si je meurs, mamie, c'est de n'avoir point un enfant de vous. Monsieur Purgon m'avoit dit qu'il m'en feroit faire un.
LE NOTAIRE.
Cela pourra venir encore.
ARGAN.
Il faut faire mon Testament, mamour, de la façon que Monsieur dit ; mais par précaution je veux vous mettre entre les mains vingt mille francs en or, que j'ay dans le lambris de mon alcove, & deux billets payables au porteur, qui me sont dûs, l'un par Monsieur Damon, & l'autre par Monsieur Gerante.
BELINE.
Non, non, je ne veux point de tout cela. Ah ! combien dites-vous qu'il y a dans vostre alcove ?
ARGAN.
Vingt mille francs, mamour.
BELINE.
Ne me parlez point de bien, je vous prie. Ah ! de combien sont les deux billets ?

ARGAN.

Ils sont, mamie, l'un de quatre mille francs, & l'autre de six.

BELINE.

Tous les biens du monde, mon amy, ne me sont rien, au prix de vous.

LE NOTAIRE.

Voulez-vous que nous procedions au Testament?

ARGAN.

Oüy, Monsieur; mais nous serons mieux dans mon petit cabinet. Mamour, conduisez-moy, je vous prie.

BELINE.

Allons, mon pauvre petit fils.

SCENE VIII.

Cette Scene n'est point dans les Editions precedentes de la Prose de Monsieur Moliere; la voicy restablie sur l'original de l'Autheur.

ANGELIQUE, TOINETTE.

TOINETTE.

LEs voila avec un Notaire, & j'ay oüy parler de Testament. Vostre belle-Mere ne s'endort point, & c'est sans doute quelque conspiration contre vos interests, où elle pousse vostre Pere.

ANGELIQUE.

Qu'il dispose de son bien à sa fantaisie, pourveu qu'il ne dispose point de mon cœur. Tu vois, Toinette, les desseins violens que l'on fait sur luy. Ne m'abandonne point, je te prie, dans l'extremité où je suis.

TOINETTE.

Moy? vous abandonner, j'aymerois mieux mourir. Voſtre belle-Mere a beau me faire ſa confidente, & me vouloir jetter dans ſes intereſts, je n'ay jamais pû avoir d'inclination pour elle, & j'ay toûjours eſté de voſtre party. Laiſſez-moy faire, j'employray toute choſe pour vous ſervir; mais pour vous ſervir avec plus d'effet, je veux changer de batterie, couvrir le zele que j'ay pour vous, & feindre d'entrer dans les ſentimens de voſtre Pere, & de voſtre belle-Mere.

ANGELIQUE.

Tâche, je t'en conjure, de faire donner avis à Cleante du Mariage qu'on a conclu.

TOINETTE.

Je n'ay perſonne à employer à cet office, que le vieux uſurier Polichinelle, mon Amant, & il m'en coûtera pour cela quelques paroles de douceur, que je veux bien deſpencer pour vous. Pour aujourd'huy il eſt trop tard; mais demain du grand matin, je l'envoiray querir, & il ſera ravy de....

BELINE.

Toinette.

TOINETTE.

Voilà qu'on m'appelle. Bonſoir. Repoſez-vous ſur moy.

Fin du premier Acte.

Le Theatre change & repreſente une Ville.

PREMIER INTERMEDE.

POlichinelle dans la nuit vient pour donner une Serenade à sa Maistresse. Il est interrompu d'abord par des Violons, contre lesquels il se met en colere, & ensuite par le Guet composé de Musiciens & de Danceurs.

POLICHINELLE.

O Amour, amour, amour, amour ! pauvre Polichinelle, quelle Diable de fantaisie t'es-tu allé mettre dans la cervelle ? A quoy t'amuses-tu, miserable insensé que tu es ? Tu quitte le soin de ton negoce, & tu laisses aller tes affaires à l'abandon. Tu ne mange plus, tu ne bois presque plus, tu pers le repos de la nuit, & tout cela pour qui ? Pour une Dragonne, franche Dragonne ; une Diablesse qui te rembarre, & se mocque de tout ce que tu peux luy dire. Mais il n'y a point à raisonner là-dessus: Tu le veux, amour ; il faut estre fou comme beaucoup d'autres. Cela n'est pas le mieux du monde à un homme de mon âge : mais qu'y faire ? on n'est pas sage quand on veut, & les vieilles cervelles se démontent comme les jeunes.

Je viens voir si je ne pourray point adoucir ma tigresse par une Serenade. Il n'y a rien par fois qui soit si touchant qu'un Amant qui vient chanter ses doleances aux gons & aux verroux de la porte de sa Maistresse. Voicy dequoy accompagner ma voix. O nuit, ô chere nuit, porte mes plaintes amoureuses jusques dans le lit de mon Inflexible.

LE MALADE IMAGINAIRE,

Il chante ces paroles.

Notte' e dì v'amo' e v'adoro
Cerco' un sì per mio ristoro,
Ma se voi dite di nò
Bell'ingrata jo morirò.

Fra la speranza
S'afflige'il cuore,
In lontananza
Consum a l'hore ;
Si dolce' inganno
Che mi figura
Breve l'affanno,
Ahi troppo dura,
Così per tropp' amar languisco e muoro
Notte' e dì v'amo' e v'adoro,
Cerco' un sì per mio ristoro,
Mà se voi dite di nò
Bell'ingrata jo morirò.

Se non dormite,
Al men pensate
Alle ferite
Ch'al cuor mi fate ;
Deh almen fingete
Per mio conforto,
Se m'uccidete,
D'haver il torto :
Vostra pietà mi scemerà il martoro
Notte' e dì v'amo' e v'adoro,
Cerco' un sì per mio ristoro,
Mà se voi dite di nò
Bell'ingrata jo morirò.

COMEDIE.

Une vieille se presente à la fenestre, & répond au Seignor Polichinelle en se mocquant de luy.

Zerbinetti ch' ogn'hor confinti sguardi,
Mentiti desiri,
Fallaci sospiri,
Accenti Buggiardi,
Difede vi preggiate,
Ah che non m'ingannate.
Che gia sò per prova,
Ch' in voi non si trova
Constanza ne fede;
Oh quanto è pazza colei che vi crede.

Quei sguardi languidi
Non minnamorano,
Quei sospir fervidi
Più non m'infiammano
Vel giuro' a fé.
Zerbino misero,
Del vostro piangere
Il mio cor libero
Vvol semper ridere
Crede t'à me
Chegiasò per prova,
Chin voi non si trova
Constanza ne fede;
Oh quanto è pazza colei che vi crede.

Violons.

POLICHINELLE

Quelle impertinente harmonie vient interrompre icy ma voix?

Violons.
POLICHINELLE.
Paix-là, taisez-vous, Violons. Laissez-moy me plaindre à mon aise des cruautez de mon Inexorable.

Violons.
POLICHINELLE.
Taisez-vous, vous dis-je. C'est moy qui veux chanter.

Violons.
POLICHINELLE.
Paix-donc.

Violons.
POLICHINELLE.
Oüais !

Violons.
POLICHINELLE.
Ahy.

Violons.
POLICHINELLE.
Est-ce pour rire ?

Violons.
POLICHINELLE.
Ah, que de bruit.

Violons.
POLICHINELLE.
Le Diable vous emporte.

Violons.
POLICHINELLE.
J'enrage.

Violons.
POLICHINELLE.
Vous ne vous tairez pas ? Ah Dieu soit loüé.

Violons.
POLICHINELLE.
Encore ?

Violons.

COMEDIE.
Violons.
POLICHINELLE.
Peste des Violons.
Violons.
POLICHINELLE.
La sotte Musique que voilà!
Violons.
POLICHINELLE.
La, la, la, la, la, la.
Violons.
POLICHINELLE.
La, la, la, la, la, la.
Violons.
POLICHINELLE.
La, la, la, la, la, la.
Violons.
POLICHINELLE.
La, la, la, la, la, la.
Violons.
POLICHINELLE.
La, la, la, la, la, la.
Violons.

POLICHINELLE *avec un Luth, dont il ne jouë que des lévres & de la langue, en disant, plin tan plan, &c.*

Par ma foy cela me divertit. Poursuivez, Messieurs les Violons, vous me ferez plaisir. Allons donc, continuez. Je vous en prie. Voilà le moyen de les faire taire. La Musique est accoûtumée à ne point faire ce qu'on veut. Hò sus à nous. Avant que de chanter il faut que je prélude un peu, & jouë quelque piece, afin de mieux prendre mon ton. Plan, plan, plan. Plin, plin, plin. Voilà un temps fâcheux pour mettre un Luth d'accord. Plin, plin, plin. Plin, tan, plan. Plin, plin. Les cordes ne tiennent point par ce temps-là. Plin, plan. J'entens du bruit,

Tome VIII.　　　　　　　　　　P

Mettons mon Luth contre la porte.

ARCHERS, *passans dans la ruë accourent au bruit qu'ils entendent, & demandent:*

Qui va-là, qui va-là?

POLICHINELLE, *tout bas.*

Qui diable est-ce là? est-ce que c'est la mode de parler en Musique?

ARCHERS.

Qui va là, qui va là, qui va là?

POLICHINELLE *épouvanté.*

Moy, moy, moy.

ARCHERS.

Qui va là, qui va là? vous dis-je.

POLICHINELLE.

Moy, moy, vous dis-je.

ARCHERS.

Et qui toy, & qui toy?

POLICHINELLE.

Moy, moy, moy, moy, moy, moy.

ARCHERS.

Dy ton nom, dy ton nom, sans davantage attendre.

POLICHINELLE, *feignant d'estre bien hardy.*

Mon nom est, va te faire pendre.

ARCHERS.

Icy camarades, icy.
Saisissons l'insolent qui nous répond ainsi.

ENTRE'E DE BALLET.

Tout le Guet vient qui cherche Polichinelle dans la nuit.

Violons & Danseurs.

POLICHINELLE.

Qui va là?

COMEDIE.

Violons & Danseurs.
POLICHINELLE.
Qui sont les coquins que j'entens?
Violons & Danseurs.
POLICHINELLE.
Euh!

Violons & Danseurs.
POLICHINELLE.
Holà mes laquais, mes gens.
Violons & Danseurs.
POLICHINELLE.
Par la mort.
Violons & Danseurs.
POLICHINELLE.
Par la sang.
Violons & Danseurs.
POLICHINELLE.
J'en jetteray par terre.
Violons & Danseurs.
POLICHINELLE.
Champagne, Poitevin, Picard, Basque, Breton.
Violons & Danseurs.
POLICHINELLE.
Donnez-moy mon Mousqueton.
Violons & Danseurs.

POLICHINELLE tire un coup de Pistolet.

Pouë.

Ils tombent tous & s'enfuyent.

POLICHINELLE, en se mocquant,
Ah, ah, ah, ah, comme je leur ay donné l'épouvante. Voilà de sottes gens d'avoir peur de moy qui ay peur des autres. Ma foy il n'est que de joüer d'adresse en ce monde. Si je n'avois tranché du grand Seigneur, & n'avois fait le brave, ils n'auroient pas manqué de me haper: Ah, ah, ah.

Les Archers se rapprochent, & ayant entendu ce qu'il disoit, ils le saisissent au collet.

ARCHERS.

Nous le tenons, à nous, Camarades, à nous,
Depeschez, de la lumiere.

BALLET.

Tout le Guet vient avec des lanternes.

ARCHERS.

Ah traistre, ah fripon, c'est donc vous,
Faquin, maraut, pendart, impudent, temeraire,
Insolent, effronté, coquin, filou, voleur,
Vous osez nous faire peur ?

POLICHINELLE.

Messieurs, c'est que j'estois yvre.

ARCHERS.

Non, non, point de raison,
Il faut vous apprendre à vivre,
En prison viste, en prison.

POLICHINELLE.

Messieurs, je ne suis point voleur.

ARCHERS.

En prison.

POLICHINELLE.

Je suis un Bourgeois de la Ville.

ARCHERS.

En prison.

POLICHINELLE.

Qu'ay-je fait ?

ARCHERS.

En prison viste, en prison.

POLICHINELLE.

Messieurs, laissez-moy aller.

ARCHERS.

Non.

POLICHINELLE.

Je vous prie.

COMEDIE.

ARCHERS.

Non.

POLICHINELLE.

Eh!

ARCHERS.

Non.

POLICHINELLE.

De grace.

ARCHERS.

Non, non.

POLICHINELLE.

Messieurs..

ARCHERS.

Non, non, non.

POLICHINELLE.

S'il vous plaît.

ARCHERS.

Non, non.

POLICHINELLE.

Par charité.

ARCHERS.

Non, non.

POLICHINELLE.

Au nom du Ciel.

ARCHERS.

Non, non.

POLICHINELLE.

Misericorde.

ARCHERS.

Non, non, non, point de raison.
Il faut vous apprendre à vivre,
En prison viste, en prison.

POLICHINELLE.

Eh, n'est-il rien, Messieurs, qui soit capable
d'attendrir vos ames?

ARCHERS.

Il est aisé de nous toucher,
Et nous sommes humains plus qu'on ne sçauroit
croire,
Donnez-nous doucement six pistoles pour boire;
Nous allons vous lâcher.

POLICHINELLE.

Helas, Messieurs, je vous assure que je n'ay pas un sol sur moy.

ARCHERS.

Au deffaut de six pistoles,
Choisissez donc sans façon
D'avoir trente croquignoles,
Ou douze coups de bâton.

POLICHINELLE.

Si c'est une necessité, & qu'il faille en passer par là, je choisis les croquignoles.

ARCHERS.

Allons, preparez-vous,
Et comptez bien les coups.

BALLET.

Les Archers Danseurs luy donnent des croquignoles en cadence.

POLICHINELLE.

Un & deux. Trois & quatre. Cinq & six. Sept & huit. Neuf & dix. Onze & douze & treize, & quatorze & quinze.

ARCHERS.

Ah! ah! vous en voulez passer;
Allons, c'est à recommencer.

POLICHINELLE.

Ah, Messieurs, ma pauvre teste n'en peut plus.

COMEDIE. 175

& vous venez de me la rendre comme une pomme cuite. J'ayme mieux encore les coups de bâtons, que de recommencer.

ARCHERS.
Soit, puisque le bâton est pour vous plus charmant,
Vous aurez contentement.

BALLET.

Les Archers Danseurs luy donnent des coups de bâtons en cadence.

POLICHINELLE.

Un, deux, trois, quatre, cinq, six, ah, ah, ah, je n'y sçaurois plus resister. Tenez, Messieurs, voilà six pistoles que je vous donne.

ARCHERS.

Ah l'honneste homme ! ah l'ame noble & belle !
Adieu, Seigneur, adieu, Seigneur Polichinelle.
POLICHINELLE.
Messieurs, je vous donne le bon-soir.
ARCHERS.
Adieu, Seigneur, adieu, Seigneur Polichinelle.
POLICHINELLE.
Vostre serviteur.
ARCHERS.
Adieu, Seigneur, adieu, Seigneur Polichinelle.
POLICHINELLE.
Tres-humble valet.
ARCHERS.
Adieu Seigneur, adieu, Seigneur Polichinelle.
POLICHINELLE.
Jusqu'au revoir.

BALLET.

Ils danfent tous en réjoüiffance de l'argent qu'ils ont receu.

Le Theatre change, & reprefente encore une Chambre.

ACTE II.
SCENE PREMIERE.

TOINETTE, CLEANTE.

TOINETTE.

QUE demandez-vous, Monsieur?
CLEANTE.
Ce que je demande?
TOINETTE.
Ah, ah, c'est vous? Quelle surprise! Que venez-vous faire céans?
CLEANTE.
Sçavoir ma destinée; parler à l'aymable Angelique; consulter les sentimens de son cœur; & luy demander ses resolutions sur ce Mariage fatal, dont on m'a averty.

TOINETTE.

Oüy, mais on ne parle pas comme cela de but en blanc à Angelique; il y faut des mysteres, & l'on vous a dit l'étroite garde où elle est retenuë. Qu'on ne la laisse, ny sortir, ny parler à personne, & que ce ne fut que la curiosité d'une vieille Tante, qui nous fit accorder la liberté d'aller à cette Comedie, qui donna lieu à la naissance de vostre passion, & nous nous sommes bien gardez de parler de cette avanture.

CLEANTE.

Aussi ne viens-je pas icy comme Cleante, & sous l'apparence de son Amant, mais comme amy de son Maistre de Musique, dont j'ay obtenu le pouvoir de dire qu'il m'envoye à sa place.

TOINETTE.

Voicy son Pere. Retirez-vous un peu, & me laissez luy dire que vous estes-là.

SCENE II.

ARGAN, TOINETTE, CLEANTE.

ARGAN.

Monsieur Purgon m'a dit de me promener le matin dans ma chambre douze allées, & douze venuës ; mais j'ay oublié à luy demander, si c'est en long, ou en large.

TOINETTE.

Monsieur, voilà un....

ARGAN.

Parle bas, pendarde, tu viens m'ébranler tout le cerveau, & tu ne songes pas qu'il ne faut point parler si haut à des malades.

TOINETTE.

Je voulois vous dire Monsieur....

ARGAN.

Parle bas, te dy-je.

TOINETTE.

Monsieur.....

ARGAN.

Eh !

TOINETTE.
Je vous dis que....

ARGAN.
Qu'est-ce que tu dis?

TOINETTE.
Je dis que voilà un homme qui veut parler à vous.

ARGAN.
Qu'il vienne.

Toinette fait signe à Cleante d'avancer.

CLEANTE.
Monsieur......

TOINETTE.
Ne parlez pas si haut, de peur d'ébranler le cerveau de Monsieur.

CLEANTE.
Monsieur, je suis ravy de vous trouver debout, & de voir que vous vous portez mieux.

TOINETTE *feignant d'estre en colere.*
Comment qu'il se porte mieux ? cela est faux, Monsieur se porte toujours mal.

CLEANTE.
J'ay oüy dire que Monsieur estoit mieux, & je luy trouve bon visage.

TOINETTE.
Que voulez-vous dire avec vostre bon visage? Monsieur l'a fort mauvais, & ce sont des impertinens qui vous ont dit qu'il estoit mieux. Il ne s'est jamais si mal porté.

ARGAN.
Elle a raison.

TOINETTE.
Il marche, dort, mange, & boit tout comme les autres ; mais cela n'empesche pas qu'il ne soit fort malade.

ARGAN.
Cela est vray.
CLEANTE.
Monsieur, j'en suis au desespoir. Je viens de la part du Maistre à chanter de Mademoiselle vôtre Fille. Il s'est veu obligé d'aller à la Campagne pour quelques jours ; & comme son amy intime, il m'envoye à sa place pour luy continuer ses leçons, de peur qu'en les interrompant elle ne vinst à oublier ce qu'elle sçait déja.
ARGAN.
Fort bien. Appellez Angelique.
TOINETTE.
Je croy, Monsieur, qu'il sera mieux de mener Monsieur à sa chambre.
ARGAN.
Non, faites-la venir.
TOINETTE.
Il ne pourra luy donner leçon, comme il faut, s'ils ne sont en particulier.
ARGAN.
Si fait, si fait.
TOINETTE.
Monsieur, cela ne fera que vous étourdir, & il ne faut rien pour vous émouvoir en l'estat où vous estes, & vous ébranler le cerveau.
ARGAN.
Point, point, j'ayme la Musique, & je seray bien aise de.... Ah ! la voicy. Allez vous-en voir, vous, si ma femme est habillée.

SCENE III.

ARGAN, ANGELIQUE, CLEANTE.

ARGAN.

Venez, ma Fille, voſtre Maiſtre de Muſique eſt allé aux champs, & voilà une perſonne qu'il envoye à ſa place pour vous monſtrer.

ANGELIQUE.

Ah, Ciel!

ARGAN.

Qu'eſt-ce? D'où vient cette ſurpriſe?

ANGELIQUE.

C'eſt.....

ARGAN.

Quoy? Qui vous émeut de la ſorte?

ANGELIQUE.

C'eſt, mon Pere, une avanture ſurprenante qui ſe rencontre icy.

ARGAN.

Comment?

ANGELIQUE.

J'ay ſongé cette nuit que j'eſtois dans le plus grand embarras du monde, & qu'une perſonne faite tout comme Monſieur, s'eſt preſentée à moy, à qui j'ay demandé ſecours, & qui m'eſt venu tirer de la peine où j'eſtois; & ma ſurpriſe a eſté grande, de voir inopinément en arrivant icy, ce que j'ay eu dans l'idée toute la nuit.

CLEANTE.

Ce n'eſt pas eſtre mal-heureux que d'occuper vôtre penſée, ſoit en dormant, ſoit en veillant; &

mon bon-heur seroit grand sans doute, si vous estiez dans quelque peine, dont vous me jugeassiez digne de vous tirer ; & il n'y a rien que je ne fisse pour....

SCENE IV.

TOINETTE, CLEANTE, ANGELIQUE, ARGAN.

TOINETTE *par dérision*.

MA foy, Monsieur, je suis pour vous maintenant, & je me dédis de tout ce que je disois hier. Voicy Monsieur Dyafoirus le Pere, & Monsieur Dyafoirus le Fils, qui viennent vous rendre visite. Que vous serez bien engendré ! vous allez voir le garçon le mieux fait du monde, & le plus spirituel. Il n'a dit que deux mots, qui m'ont ravie, & vostre Fille va estre charmée de luy.

ARGAN *à Cleante, qui feint de vouloir s'en aller.*
Ne vous en allez point, Monsieur. C'est que je marie ma Fille, & voilà qu'on luy ameine son prétendu mary, qu'elle n'a point encore veu.

CLEANTE.
C'est m'honorer beaucoup, Monsieur, de vouloir que je sois témoin d'une entreveuë si agreable.

ARGAN.
C'est le fils d'un habile Medecin, & le Mariage se fera dans quatre jours.

COMEDIE.
CLEANTE.
Fort bien.
ARGAN.
Mandez-le un peu à son Maistre de Musique, afin qu'il se trouve à la Nopce.
CLEANTE.
Je n'y manqueray pas.
ARGAN.
Je vous y prie aussi.
CLEANTE.
Vous me faites beaucoup d'honneur.
TOINETTE.
Allons qu'on se range, les voicy.

SCENE V.

Mr DYAFOIRUS, THOMAS DYAFOIRUS, ARGAN, ANGELIQUE, CLEANTE, TOINETTE.

ARGAN *mettant la main à son bonnet sans l'oster.*

Monsieur Purgon, Monsieur, m'a défendu de découvrir ma teste. Vous estes du métier, vous sçavez les consequences.
MONSIEUR DYAFOIRUS.
Nous sommes dans toutes nos visites pour porter secours aux malades, & non pour leur porter de l'incommodité.
ARGAN.
Je reçois, Monsieur.

Ils parlent tous deux en mesme temps, s'interrompent & confondent.

MONSIEUR DYAFOIRUS.
Nous venons icy, Monsieur....
ARGAN.
Avec beaucoup de joye.
MONSIEUR DYAFOIRUS.
Mon fils Thomas, & moy.
ARGAN.
L'honneur que vous me faites.
MONSIEUR DYAFOIRUS.
Vous témoigner, Monsieur.
ARGAN.
Et j'aurois souhaité.
MONSIEUR DYAFOIRUS.
Le raviflement où nous sommes.
ARGAN.
De pouvoir aller chez-vous.
MONSIEUR DYAFOIRUS.
De la grace que vous nous faites.
ARGAN.
Pour vous en assurer.
MONSIEUR DYAFOIRUS.
De vouloir bien nous recevoir.
ARGAN.
Mais vous sçavez, Monsieur.
MONSIEUR DYAFOIRUS.
Dans l'honneur, Monsieur.
ARGAN.
Ce que c'est qu'un pauvre malade.
MONSIEUR DYAFOIRUS.
De vostre alliance.
ARGAN.
Qui ne peut faire autre chose.
MONSIEUR DYAFOIRUS.
Et vous assurer.
ARGAN.
Que de vous dire icy.

MONSIEUR

COMEDIE.

MONSIEUR DYAFOIRUS.
Que dans les choses qui dépendront de nostre mestier.

ARGAN.
Qu'il cherchera toutes les occasions.

MONSIEUR DYAFOIRUS.
De mesme qu'en toute autre.

ARGAN.
De vous faire connoistre, Monsieur.

MONSIEUR DYAFOIRUS.
Nous serons toûjours prests, Monsieur.

ARGAN.
Qu'il est tout à vostre service.

MONSIEUR DYAFOIRUS.
A vous témoigner nostre zele. *Il se retourne vers son fils, & luy dit :* Allons, Thomas, avancez. Faites vos complimens.

THOMAS DYAFOIRUS *est un grand benest nouvellement sorty des Escoles, qui fait toutes choses de mauvaise grace, & à contre-temps.*
N'est-ce pas par le Pere qu'il convient commencer ?

MONSIEUR DYAFOIRUS.
Oüy.

THOMAS DYAFOIRUS.
Monsieur, je viens saluer, reconnoistre, cherir, & reverer en vous un second Pere ; mais un second Pere, auquel j'ose dire que je me trouve plus redevable qu'au premier. Le premier m'a engendré ; mais vous m'avez choisy. Il m'a reçeu par necessité ; mais vous m'avez accepté par grace. Ce que je tiens de luy est un ouvrage de son corps ; mais ce que je tiens de vous est un ouvrage de vostre volonté ; & d'autant plus que les facultez spirituelles, sont au dessus des corporelles,

Tome VIII.　　　　　　　　　Q

d'autant plus je vous dois, & d'autant plus je tiens precieuse cette future filiation, dont je viens aujourd'huy vous rendre par avance les tres-humbles, & tres-respectueux hommages.

TOINETTE.

Vive les Colleges, d'où l'on sort si habile homme.

THOMAS DYAFOIRUS.

Cela a-t-il bien esté, mon Pere?

MONSIEUR DYAFOIRUS.

Optime.

ARGAN *à Angelique.*

Allons, saluez Monsieur.

THOMAS DYAFOIRUS.

Baiseray-je?

MONSIEUR DYAFOIRUS.

Oüy, oüy.

THOMAS DYAFOIRUS *à Angelique.*

Madame, c'est avec justice, que le Ciel vous a concedé le nom de belle-Mere, puisque l'on....

ARGAN.

Ce n'est pas ma femme, c'est ma Fille à qui vous parlez.

THOMAS DYAFOIRUS.

Où donc est-elle?

ARGAN.

Elle va venir.

THOMAS DYAFOIRUS.

Attendray-je, mon Pere, qu'elle soit venuë?

MONSIEUR DYAFOIRUS.

Faites toûjours le compliment de Mademoiselle.

THOMAS DYAFOIRUS.

Mademoiselle, ne plus, ne moins que la statuë de Memnon, rendoit un son harmonieux, lors qu'elle venoit à estre éclairée des rayons du Soleil : Tout de mesme me sens-je animé d'un doux transport à l'apparition du Soleil de vos beautez. Et comme les Naturalistes remarquent que la fleur nommée Heliotrope tourne sans cesse vers cet Astre du jour, aussi mon cœur dores-en-avant tournera-t-il toûjours vers les Astres resplandissans de vos yeux adorables, ainsi que vers son Pôle unique. Souffrez-donc, Mademoiselle, que j'appande aujourd'huy à l'autel de vos charmes l'offrande de ce cœur, qui ne respire, & n'ambitionne autre gloire, que d'estre toute sa vie, Mademoiselle, vostre tres-humble, tres-obeïssant, & tres-fidelle serviteur, & mary.

TOINETTE *en le raillant.*

Voilà ce que c'est que d'étudier, on apprend à dire de belles choses.

ARGAN.

Eh ! que dites-vous de cela ?

CLEANTE.

Que Monsieur fait merveilles, & que s'il est aussi bon Medecin, qu'il est bon Orateur, il y aura plaisir à estre de ses malades.

TOINETTE.

Assurement. Ce sera quelque chose d'admirable, s'il fait d'aussi belles cures, qu'il fait de beaux discours.

ARGAN.

Allons viste ma chaise, & des sieges à tout le monde. Mettez-vous-là, ma Fille. Vous voyez, Monsieur, que tout le monde admire Monsieur vostre fils, & je vous trouve bien heureux de vous voir un garçon comme cela.

MONSIEUR DYAFOIRUS.

Monsieur, ce n'est pas par ce que je suis son Pere, mais je puis dire que j'ay sujet d'estre content de luy, & que tous ceux qui le voyent, en parlent comme d'un garçon qui n'a point de méchanceté. Il n'a jamais eu l'imagination bien vive, ny ce feu d'esprit qu'on remarque dans quelques-uns, mais c'est par-là que j'ay toûjours bien auguré de sa judiciaire, qualité requise pour l'exercice de nostre Art. Lors qu'il estoit petit, il n'a jamais esté, ce qu'on appelle miévre, & éveillé. On le voyoit toûjours doux, paisible, & taciturne, ne disant jamais mot, & ne joüant jamais à tous ces petits jeux, que l'on nomme enfantins. On eut toutes les peines du monde à luy apprendre à lire, & il avoit neuf ans qu'il ne connoissoit pas encore ses lettres. Bon, disois-je en moy-mesme ; les arbres tardifs, sont ceux qui portent les meilleurs fruits. On grave sur le marbre bien plus mal-aisément que sur le sable ; mais les choses y sont conservées bien plus long-temps, & cette lenteur à comprendre, cette pesanteur d'imagination, est la marque d'un bon jugement à venir. Lors que je l'envoyay au College il trouva de la peine ; mais il se roidissoit contre les difficultez, & ses Regens se loüoient toûjours à moy de son assiduité, & de son travail. Enfin, à force de battre le fer, il en est venu glorieusement à avoir ses Licences ; & je puis dire sans vanité, que depuis deux ans qu'il est sur les bancs, il n'y a point de Candidat qui ait fait plus de bruit que luy dans toutes les disputes de nostre Ecole. Il s'y est rendu redoutable, & il ne s'y passe point d'Acte où il n'aille argumenter à outrance pour la proposition contraire. Il est ferme dans la dispute, fort comme un Turc sur ses principes ; ne démord jamais de son opinion, & poursuit un raisonnement jusques dans les derniers recoins de la Logique. Mais sur toute chose, ce qui me plaist en luy, &

COMEDIE.

en quoy il suit mon exemple, c'est qu'il s'attache aveuglement aux opinions de nos Anciens, & que jamais il n'a voulu comprendre, ny écouter les raisons, & les experiences des pretenduës découvertes de nostre siecle, touchant la Circulation du sang, & autres opinions de mesme farine.

THOMAS DYAFOIRUS. *Il tire une grande These roulée de sa poche, qu'il presente à Angelique.*

J'ay contre les Circulateurs soûtenu une These, qu'avec la permission de Monsieur, j'ose presenter à Mademoiselle, comme un hommage que je luy dois des prémices de mon esprit.

ANGELIQUE.

Monsieur, c'est pour moy un meuble inutile, & je ne me connois pas à ces choses-là.

TOINETTE.

Donnez, donnez, elle est toûjours bonne à prendre pour l'image, cela servira à parer nostre chambre.

THOMAS DYAFOIRUS.

Avec la permission aussi de Monsieur, je vous invite à venir voir l'un de ces jours pour vous divertir la dissection d'une Femme, surquoy je dois raisonner.

TOINETTE.

Le divertissement sera agreable. Il y en a qui donnent la Comedie à leurs Maistresses, mais donner une dissection, est quelque chose de plus galand.

MONSIEUR DYAFOIRUS.

Au reste, pour ce qui est des qualitez requises, pour le Mariage & la propagation, je vous assure que selon les regles de nos Docteurs, il est tel qu'on le peut souhaiter. Qu'il possede en un degré loüable la vertu prolifique, & qu'il est du tempéramment qu'il faut pour engendrer, & procréer des enfans bien conditionnez.

ARGAN.

N'est-ce pas vostre intention, Monsieur, de le pousser à la Cour, & d'y ménager pour luy une charge de Medecin?

MONSIEUR DYAFOIRUS.

A vous en parler franchement, nostre Mestier auprés des Grands ne m'a jamais paru agreable, & j'ay toûjours trouvé, qu'il valoit mieux, pour nous autres, demeurer au public. Le public est commode. Vous n'avez à répondre de vos actions à personne, & pourveu que l'on suive le courant des regles de l'Art, on ne se met point en peine de tout ce qui peut arriver. Mais ce qu'il y a de fâcheux auprés des Grands, c'est que quand ils viennent à estre malades, ils veulent absolument que leurs Medecins les guerissent.

TOINETTE.

Cela est plaisant, & ils sont bien impertinens de vouloir que vous autres Messieurs vous les gueriffiez; vous n'estes point auprés d'eux pour cela; vous n'y estes que pour recevoir vos pensions, & leur ordonner des remedes, c'est à eux à guerir s'ils peuvent.

MONSIEUR DYAFOIRUS.

Cela est vray. On n'est obligé qu'à traiter les gens dans les formes.

ARGAN.

Monsieur, faites un peu chanter ma Fille, devant la compagnie.

CLEANTE.

J'attendois vos ordres, Monsieur, & il m'est venu en pensée, pour divertir la compagnie, de chanter avec Mademoiselle, une Scene d'un petit

COMEDIE.

Opera qu'on a fait depuis peu. Tenez voilà vôtre Partie.

ANGELIQUE.

Moy?

CLEANTE.

Ne vous défendez point, s'il vous plaift, & me laiffez vous faire comprendre ce que c'eft que la Scene que nous devons chanter. Je n'ay pas une voix à chanter; mais icy il fuffit que je me faffe entendre, & l'on aura la bonté de m'excufer par la neceffité où je me trouve, de faire chanter Mademoifelle.

ARGAN.

Les Vers en font-ils beaux?

CLEANTE.

C'eft proprement icy un petit Opera impromptu, & vous n'allez entendre chanter, que de la Profe cadencée, ou des manieres de Vers libres, tels que la paffion, & la neceffité peuvent faire trouver à deux perfonnes, qui difent les chofes d'eux-mefmes, & parlent fur le champ.

ARGAN.

Fort bien. Ecoutons.

CLEANTE *fous le nom d'un Berger, explique à fa Maiftreffe fon amour depuis leur rencontre, & enfuite ils s'appliquent leurs penfées l'un à l'autre, en chantant.*

Voicy le fujet de la Scene. Un Berger eftoit attentif aux beautez d'un Spectacle, qui ne faifoit que de commencer, lors qu'il fut tiré de fon attention, par un bruit qu'il entendit à fes coftez. Il fe retourne, & voit un brutal, qui de paroles infolentes mal-traitoit une Bergere. D'abord il prend les interefts d'un fexe à qui tous les hommes doivent hommage; & aprés avoir donné au brutal le chaftiment de fon infolence, il vient à la Bergere, & voit une jeune personne, qui des deux plus beaux yeux qu'il eust jamais veus, versoit des larmes, qu'il trouva les plus belles du monde. Helas ! dit-il en luy-mesme, est-on capable d'outrager une personne si aymable ? Et quel inhumain, quel barbare ne seroit touché par de telles larmes ? Il prend soin de les arrester, ces larmes, qu'il trouve si belles ; & l'aymable Bergere prend soin en mesme temps de le remercier de son leger service ; mais d'une maniere si charmante, si tendre, & si passionnée, que le Berger n'y peut resister, & chaque mot, chaque regard, est un trait plein de flâme, dont son cœur se sent penetré. Est-il, disoit-il, quelque chose qui puisse meriter les aymables paroles d'un tel remerciment ? Et que ne voudroit-on pas faire ; à quels services, à quels dangers, ne seroit-on pas ravy de courir, pour s'attirer un seul moment des touchantes douceurs d'une ame si reconnoissante ? Tout le Spectacle passe sans qu'il y donne aucune attention ; mais il se plaint qu'il est trop court, parce qu'en finissant il le separe de son adorable Bergere, & de cette premiere veuë, de ce premier moment il emporte chez-luy tout ce qu'un amour de plusieurs années peut avoir de plus violent. Le voilà aussi-tost à sentir tous les maux de l'absence, & il est tourmenté de ne plus voir ce qu'il a si peu veu. Il fait tout ce qu'il peut pour se redonner cette veuë, dont il conserve nuit & jour, une si chere idée ; mais la grande contrainte où l'on tient sa Bergere, luy en oste tous les moyens. La violence de sa passion le fait resoudre à demander en Mariage l'adorable beauté, sans laquelle il ne peut plus vivre, & il en obtient d'elle la permission, par un billet qu'il a l'adresse de luy faire tenir. Mais dans le mesme temps on

l'avertit

COMEDIE.

l'avertit que le Pere de cette belle a conclu son Mariage avec un autre, & que tout se dispose pour en celebrer la ceremonie. Jugez quelle atteinte cruelle au cœur de ce triste Berger. Le voilà accablé d'une mortelle douleur. Il ne peut souffrir l'effroyable idée de voir tout ce qu'il ayme entre les bras d'un autre, & son amour au desespoir luy fait trouver moyen de s'introduire dans la maison de sa Bergere pour apprendre ses sentimens, & sçavoir d'elle la destinée à laquelle il doit se resoudre. Il y rencontre les apprests de tout ce qu'il craint; il y voit venir l'indigne Rival, que le caprice d'un Pere oppose aux tendresses de son amour. Il le voit triomphant, ce Rival ridicule auprés de l'aymable Bergere, ainsi qu'auprés d'une conqueste qui luy est assurée, & cette veuë le remplit d'une colere, dont il a peine à se rendre le maistre. Il jette de douloureux regards sur celle qu'il adore, & son respect, & la presence de son Pere, l'empeschent de luy rien dire que des yeux. Mais enfin, il force toute contrainte, & le transport de son amour l'oblige à luy parler ainsi. *Il chante.*

Belle Philis, c'est trop, c'est trop souffrir,
Rompons ce dur silence, & m'ouvrez vos pensées,
Apprenez-moy ma destinée,
Faut-il vivre? Faut-il mourir?

ANGELIQUE *répond en chantant.*
Vous me voyez, Tircis, triste & mélancolique,
Aux apprests de l'Hymen, dont vous vous allarmez,
Je leve au Ciel les yeux, je vous regarde, je soûpire,
C'est vous en dire assez.

ARGAN.
Oüais, je ne croyois pas que ma Fille fust si ba

Tome VIII. R

bile, que de chanter ainsi à Livre ouvert sans he-
siter.

CLEANTE.
Helas ! belle Philis,
Se pourroit-il, que l'amoureux Tircis,
Eust assez de bon-heur,
Pour avoir quelque place dans vostre cœur ?

ANGELIQUE.
Je ne m'en défends point, dans cette peine ex- [trême,
Oüy, Tircis, je vous ayme.

CLEANTE.
O ! parole pleine d'appas,
Ay-je bien entendu, helas !
Redites-la, Philis, que je n'en doute pas.

ANGELIQUE.
Oüy, Tircis, je vous ayme.

CLEANTE.
De grace encor, Philis.

ANGELIQUE.
Je vous ayme.

CLEANTE.
Recommencez cent fois, ne vous en lassez pas.

ANGELIQUE.
Je vous ayme, je vous ayme,
Oüy, Tircis, je vous ayme.

CLEANTE.
Dieux, Roys, qui sous vos pieds regardez tout
   le monde, [mien ?
Pouvez-vous comparer vostre bon-heur au
Mais, Philis, une pensée,
Vient troubler ce doux transport,
Un Rival, un Rival....

ANGELIQUE.
Ah ! je le hay plus que la mort,
Et sa presence, ainsi qu'à vous
M'est un cruel supplice.

COMEDIE.
CLEANTE.
Mais un Pere à ſes vœux vous veut aſſujettir.
ANGELIQUE.
Plûtoſt, plûtoſt mourir,
Que de jamais y conſentir,
Plûtoſt, plûtoſt mourir, plûtoſt mourir.
ARGAN.
Et que dit le Pere à tout cela ?
CLEANTE.
Il ne dit rien.
ARGAN.
Voilà un ſot Pere, que ce Pere-là, de ſouffrir toutes ces ſottiſes-là, ſans rien dire.
CLEANTE.
Ah ! mon amour....
ARGAN.
Non, non, en voilà aſſez. Cette Comedie-là eſt de fort mauvais exemple. Le Berger Tircis eſt un impertinent, & la Bergere Philis, une impudente, de parler de la ſorte devant ſon Pere. Montrez-moy ce papier. Ha, ha. Ou ſont donc les paroles que vous avez dites ? il n'y a là que de la Muſique écrite ?
CLEANTE.
Eſt-ce que vous ne ſçavez pas, Monſieur, qu'on a trouvé depuis peu l'invention d'écrire les paroles avec les Notes-meſmes ?
ARGAN.
Fort bien. Je ſuis voſtre ſerviteur, Monſieur, juſqu'au revoir. Nous nous ſerions bien paſſez de voſtre impertinent d'Opera.
CLEANTE.
J'ay creu vous divertir.
ARGAN.
Les ſottiſes ne divertiſſent point. Ah ! voicy ma femme.

SCENE VI.

BELINE, ARGAN, TOINETTE, ANGELIQUE, Mr DYAFOIRUS, THOMAS DYAFOIRUS.

ARGAN.

M Amour, voilà le fils de Monsieur Dyafoirus.

THOMAS DYAFOIRUS *commence un compliment qu'il avoit étudié, & la memoire luy manquant il ne peut le continuer.*
Madame, c'est avec justice que le Ciel vous a concedé le nom de belle-Mere, puisque l'on voit sur vostre visage....

BELINE.
Monsieur, je suis ravie d'estre venuë icy à propos pour avoir l'honneur de vous voir.

THOMAS DYAFOIRUS.
Puisque l'on voit sur vostre visage........
Puisque l'on voit sur vostre visage.... Madame, vous m'avez interrompu dans le milieu de ma Periode, & cela m'a troublé la memoire.

MONSIEUR DYAFOIRUS.
Thomas, reservez cela pour une autre fois.

ARGAN.
Je voudrois, mamie, que vous eussiez esté icy tantost.

TOINETTE.
Ah! Madame, vous avez bien perdu de n'avoir point esté au second Pere, à la statuë de Memnon, & à la fleur nommée Heliotrope.

COMEDIE.
ARGAN.
Allons, ma Fille, touchez dans la main de Monsieur, & luy donnez vostre foy, comme à vostre mary.

ANGELIQUE
Mon Pere.

ARGAN.
Hé bien, mon Pere. Qu'est-ce que cela veut dire?

ANGELIQUE.
De grace, ne precipitez pas les choses. Donnez-nous au moins le temps de nous connoistre, & de voir naistre en nous l'un pour l'autre, cette inclination si necessaire à composer une union parfaite.

THOMAS DYAFOIRUS.
Quant à moy, Mademoiselle, elle est déja toute née en moy, & je n'ay pas besoin d'attendre davantage.

ANGELIQUE.
Si vous estes si prompt, Monsieur, il n'en est pas de mesme de moy, & je vous avouë que vostre merite n'a pas encore fait assez d'impression dans mon ame.

ARGAN.
Ho bien, bien, cela aura tout le loisir de se faire, quand vous serez mariez ensemble.

ANGELIQUE.
Eh mon Pere, donnez-moy du temps, je vous prie. Le Mariage est une chaîne, où l'on ne doit jamais soûmettre un cœur par force ; & si Monsieur est honneste homme, il ne doit point vouloir accepter une personne, qui seroit à luy par contrainte.

THOMAS DYAFOIRUS.
Nego consequentiam, Mademoiselle ; & je puis

estre honneste-homme, & vouloir bien vous accepter des mains de Monsieur vostre Pere.
ANGELIQUE.
C'est un méchant moyen de se faire aymer de quelqu'un, que de luy faire violence.
THOMAS DYAFOIRUS.
Nous lisons, des Anciens, Mademoiselle, que leur coûtume estoit d'enlever par force de la maison des Peres les Filles qu'on menoit marier, afin qu'il ne semblast pas que ce fust de leur consentement, qu'elles convoloient dans les bras d'un homme.
ANGELIQUE.
Les Anciens, Monsieur, sont les Anciens, & nous sommes les gens de maintenant. Les grimaces ne sont point necessaires dans nostre siecle, & quand un Mariage nous plaist, nous sçavons fort bien y aller, sans qu'on nous y traisne. Donnez-vous patience, si vous m'aymez, Monsieur, vous devez vouloir tout ce que je veux.
THOMAS DYAFOIRUS.
Oüy, Mademoiselle, jusqu'aux interests de mon amour exclusivement.
ANGELIQUE.
Mais la grande marque d'amour, c'est d'estre soûmis aux volontez de celle qu'on ayme.
THOMAS DYAFOIRUS.
Distingo, Mademoiselle ; dans ce qui ne regarde point sa possession, *Concedo* ; mais dans ce qui la regarde, *Nego*.
TOINETTE.
Vous avez beau raisonner. Monsieur est frais émoulu du College, & il vous donnera toûjours vostre reste. Pourquoy tant resister, & refuser la gloire d'estre attachée au Corps de la Faculté ?

COMEDIE.

BELINE.
Elle a peut-estre quelque inclination en teste.

ANGELIQUE.
Si j'en avois, Madame, elle seroit telle que la raison, & l'honnesteté pourroient me la permettre.

ARGAN.
Oüais, je joüe icy un plaisantant personnage.

BELINE.
Si j'estois que de vous, mon fils, je ne la forcerois point à se marier, & je sçay bien ce que je ferois.

ANGELIQUE.
Je sçay, Madame, ce que vous voulez dire, & les bontez que vous avez pour moy ; mais peut-estre que vos conseils ne seront pas assez heureux pour estre executez.

BELINE.
C'est que les Filles bien sages, & bien honnestes comme vous, se mocquent d'estre obeïssantes, & soûmises aux volontez de leurs Peres. Cela estoit bon autrefois.

ANGELIQUE.
Le devoir d'une Fille a des bornes, Madame, & la raison & les loix ne l'étendent point à toutes sortes de choses.

BELINE.
C'est à dire que vos pensées ne sont que pour le Mariage ; mais vous voulez choisir un époux à vostre fantaisie.

ANGELIQUE.
Si mon Pere ne veut pas me donner un mary qui me plaise, je le conjureray, au moins, de ne me point forcer à en épouser un que je ne puisse pas aymer.

ARGAN.
Messieurs, je vous demande pardon de tout cecy.

R iiij

ANGELIQUE.

Chacun a son but en se mariant. Pour moy qui ne veux un mary que pour l'aymer veritablement, & qui pretends en faire tout l'attachement de ma vie, je vous avoüe que j'y cherche quelque précaution. Il y en a d'aucunes qui prennent des maris seulement pour se tirer de la contrainte de leurs Parens, & se mettre en estat de faire tout ce qu'elles voudront. Il y en a d'autres, Madame, qui font du Mariage un commerce de pur interest ; qui ne se marient que pour gagner des Doüaires ; que pour s'enrichir par la mort de ceux qu'elles épousent, & courent sans scrupule de mary en mary, pour s'approprier leurs dépoüilles. Ces personnes-là à la verité n'y cherchent pas tant de façons, & regardent peu la personne.

BELINE.

Je vous trouve aujourd'huy bien raisonnante, & je voudrois bien sçavoir ce que vous voulez dire par-là.

ANGELIQUE.

Moy, Madame, que voudrois-je dire que ce que je dis ?

BELINE.

Vous estes si sotte, mamie, qu'on ne sçauroit plus vous souffrir.

ANGELIQUE.

Vous voudriez bien, Madame, m'obliger à vous répondre quelque impertinence, mais je vous avertis que vous n'aurez pas cet avantage.

BELINE.

Il n'est rien d'égal à vostre insolence.

ANGELIQUE.

Non, Madame, vous avez beau dire.

BELINE.

Et vous avez un ridicule orgüeil, une impertinente presomption qui fait hausser les épaules à tout le monde.

ANGELIQUE.

Tout cela, Madame, ne servira de rien, je seray sage en dépit de vous; & pour vous oster l'esperance de pouvoir reüssir dans ce que vous voulez, je vais m'oster de vostre veüe.

ARGAN.

Ecoute, il n'y a point de milieu à cela. Choisy d'épouser dans quatre jours, ou Monsieur, ou un Convent. Ne vous mettez pas en peine, je la rangeray bien.

BELINE.

Je suis fâchée de vous quitter, mon fils, mais j'ay une affaire en Ville, dont je ne puis me dispenser. Je reviendray bien-tost.

ARGAN.

Allez mamour, & passez chez vostre Notaire, afin qu'il expedie ce que vous sçavez.

BELINE.

Adieu, mon petit amy.

ARGAN.

Adieu, mamie. Voilà une femme qui m'ayme... Cela n'est pas croyable.

MONSIEUR DYAFOIRUS.

Nous allons, Monsieur, prendre congé de vous.

ARGAN.

Je vous prie, Monsieur, de me dire un peu comment je suis.

MONSIEUR DYAFOIRUS *luy taste le poux.*

Allons, Thomas, prenez l'autre bras de Monsieur, pour voir si vous sçaurez porter un bon jugement de son poux. *Quid dicis?*

THOMAS DYAFOIRUS.

Dico, que le poux de Monsieur, est le poux

d'un homme qui ne se porte point bien.

MONSIEUR DYAFOIRUS.
Bon.

THOMAS DYAFOIRUS.
Qu'il est duriuscule, pour ne pas dire dur.

MONSIEUR DYAFOIRUS.
Fort bien.

THOMAS DYAFOIRUS.
Repoussant.

MONSIEUR DYAFOIRUS.
Bene.

THOMAS DYAFOIRUS.
Et mesme un peu caprisant.

MONSIEUR DYAFOIRUS.
Optime.

THOMAS DYAFOIRUS.
Ce qui marque une intemperie dans le paranchyme splenique, c'est à dire la ratte.

MONSIEUR DYAFOIRUS.
Fort bien.

ARGAN.
Non, Monsieur Purgon dit que c'est mon foye, qui est malade.

MONSIEUR DYAFOIRUS.
Eh oüy, qui dit paranchyme, dit l'un & l'autre, à cause de l'étroite sympathie qu'ils ont ensemble, par le moyen du *vas breve du pylore*, & souvent des *meats cholidoques*. Il vous ordonne sans doute de manger force rosty.

ARGAN.
Non, rien que du boüilly.

MONSIEUR DYAFOIRUS.
Eh oüy, rosty, boüilly, mesme chose. Il vous ordonne fort prudemment, & vous ne pouvez estre en de meilleures mains.

COMÉDIE.

ARGAN.

Monsieur, combien est-ce qu'il faut mettre de grains de sel dans un œuf?

MONSIEUR DYAFOIRUS.

Six, huit, dix, par les nombres pairs, comme dans les medicamens, par les nombres impairs.

ARGAN.

Jusqu'au revoir, Monsieur.

SCENE VII.

BELINE, ARGAN.

BELINE.

JE viens, mon fils, avant que de sortir, vous donner avis d'une chose, à laquelle il faut que vous preniez garde. En passant pardevant la chambre d'Angelique, j'ay veu un jeune homme avec elle, qui s'est sauvé d'abord qu'il m'a veuë.

ARGAN.

Un jeune homme avec ma Fille?

BELINE.

Oüy. Vostre petite Fille Loüyson estoit avec eux, qui pourra vous en dire des nouvelles.

ARGAN.

Envoyez-la icy, mamour; envoyez-la icy. Ah! l'éfrontée; je ne m'étonne plus de sa resistance.

SCENE VIII.

LOUYSON, ARGAN.

LOUYSON.

Qu'est-ce que vous voulez, mon Papa, ma belle Maman, m'a dit que vous me demandez.

ARGAN.

Oüy, venez ça. Avancez-là. Tournez-vous. Levez les yeux. Regardez-moy. Eh !

LOUYSON.

Quoy, mon Papa ?

ARGAN.

La ?

LOUYSON.

Quoy ?

ARGAN.

N'avez-vous rien à me dire ?

LOUYSON.

Je vous diray, si vous voulez, pour vous desennuyer, le conte de peau-d'Asne, ou bien la Fable du Corbeau, & du Renard, qu'on m'a apprise depuis peu.

ARGAN.

Ce n'est pas-là ce que je demande.

LOUYSON.

Quoy donc ?

ARGAN.

Ah ! rusée, vous sçavez bien ce que je veux dire.

LOUYSON.

Pardonnez-moy, mon Papa.

COMEDIE.

ARGAN.

Eſt-ce-là comme vous m'obeïſſez.

LOUYSON.

Quoy?

ARGAN.

Ne vous ay-je pas recommandé de me venir dire d'abord tout ce que vous voyez?

LOUYSON.

Oüy, mon Papa.

ARGAN.

L'avez-vous fait?

LOUYSON.

Oüy, mon Papa. Je vous ſuis venu dire tout ce que j'ay veu.

ARGAN.

Et n'avez-vous rien veu aujourd'huy?

LOUYSON.

Non, mon Papa.

ARGAN.

Non?

LOUYSON.

Non, mon Papa.

ARGAN.

Aſſurement?

LOUYSON.

Aſſurement.

ARGAN.

Oh ça, je m'en vay vous faire voir quelque choſe, moy. *Il va prendre une poignée de verges.*

LOUYSON.

Ah! mon Papa.

ARGAN.

Ah, ah, petite maſque, vous ne me dites pas que vous avez veu un homme dans la chambre de voſtre Sœur?

LOUYSON.

Mon Papa.

ARGAN.

Voicy qui vous apprendra à mentir.

LOUYSON *se jette à genoux.*

Ah ! mon Papa, je vous demande pardon. C'est que ma Sœur m'avoit dit de ne pas vous le dire; mais je m'en vay vous dire tout.

ARGAN.

Il faut premierement que vous ayez le foüet pour avoir menty. Puis aprés nous verrons au reste.

LOUYSON.

Pardon, mon Papa.

ARGAN.

Non, non.

LOUYSON.

Mon pauvre Papa, ne me donnez pas le foüet.

ARGAN.

Vous l'aurez.

LOUYSON.

Au nom de Dieu, mon Papa, que je ne l'aye pas.

ARGAN *la prenant pour la foüetter.*

Allons, allons.

LOUYSON.

Ah ! mon Papa, vous m'avez blessée. Attendez je suis morte. *Elle contrefait la morte.*

ARGAN.

Hola. Qu'est-ce-là ? Loüyson, Loüyson. Ah ! mon Dieu ; Loüyson. Ah ! ma Fille. Ah ! malheureux, ma pauvre Fille est morte. Qu'ay-je fait, miserable ? Ah ! chiennes de verges. La peste soit des verges. Ah ! ma pauvre Fille ; ma pauvre petite Loüyson.

COMEDIE.
LOUYSON.
Là, là, mon Papa, ne pleurez point tant, je ne suis pas morte tout-à-fait.

ARGAN.
Voyez-vous la petite rusée. Oh ça, ça, je vous pardonne pour cette fois-cy, pourveu que vous me disiez bien tout.

LOUYSON.
Ho, oüy, mon Papa.

ARGAN.
Prenez-y bien garde au moins, car voilà un petit doigt qui sçait tout, qui me dira si vous mentez.

LOUYSON.
Mais, mon Papa, ne dites pas à ma sœur que je vous l'ay dit.

ARGAN.
Non, non.

LOUYSON.
C'est, mon Papa, qu'il est venu un homme dans la chambre de ma Sœur comme j'y estois.

ARGAN.
Hé bien ?

LOUYSON.
Je luy ay demandé ce qu'il demandoit, & il m'a dit qu'il estoit son Maistre à chanter.

ARGAN.
Hon, hon. Voilà l'affaire. Hé bien ?

LOUYSON.
Ma Sœur est venuë aprés.

ARGAN.
Hé bien ?

LOUYSON.
Elle luy a dit sortez, sortez, sortez, mon Dieu sortez, vous me mettez au desespoir.

ARGAN.
Hé bien ?

LOUYSON.
Et luy, il ne vouloit pas sortir.
ARGAN.
Qu'est-ce qu'il luy disoit?
LOUYSON.
Il luy disoit je ne sçay combien de choses.
ARGAN.
Et quoy encore?
LOUYSON.
Il luy disoit tout-cy, tout-ça, qu'il l'aymoit bien, & qu'elle estoit la plus belle du monde.
ARGAN.
Et puis aprés?
LOUYSON.
Et puis aprés, il se mettoit à genoux devant elle.
ARGAN.
Et puis aprés?
LOUYSON.
Et puis aprés, il luy baisoit les mains.
ARGAN.
Et puis aprés?
LOUYSON.
Et puis aprés, ma belle Maman est venuë à la porte, & il s'est enfuy.
ARGAN.
Il n'y a point autre chose?
LOUYSON.
Non, mon Papa.
ARGAN.
Voilà mon petit doigt pourtant qui gronde quelque chose. *Il met son doigt à son oreille.* Attendez. Eh! ah, ah; oüy? oh, oh; voilà mon petit doigt qui me dit quelque chose que vous avez veu, & que vous ne m'avez pas dit.
LOUYSON.

COMEDIE.
LOUYSON.
Ah! mon Papa. Vostre petit doigt est un menteus.
ARGAN.
Prenez garde.
LOUYSON.
Non, mon Papa, ne le croyez pas, il ment, je vous assure.
ARGAN.
Oh bien, bien, nous verrons cela. Allez vous-en, & prenez bien garde à tout, allez. Ah! il n'y a plus d'enfans. Ah! que d'affaires; je n'ay pas seulement le loisir de songer à ma maladie. En verité je n'en puis plus. *Il se remet dans sa chaise.*

SCENE IX.
BERALDE, ARGAN.

BERALDE.
HE' bien, mon Frere, qu'est-ce, comment vous portez-vous?
ARGAN.
Ah! mon Frere, fort mal.
BERALDE.
Comment fort mal?
ARGAN.
Oüy, je suis dans une foiblesse si grande, que cela n'est pas croyable.
BERALDE.
Voilà qui est fâcheux.
ARGAN.
Je n'ay pas seulement la force de pouvoir parler.

BERALDE.

J'eſtois venu icy, mon Frere, vous propoſer un party pour ma Niéce Angelique.

ARGAN *parlant avec emportement, & ſe levant de ſa chaiſe.*

Mon Frere, ne me parlez point de cette coquine-là. C'eſt une frippone, une impertinente, une effrontée, que je mettray dans un Convent avant qu'il ſoit deux jours.

BERALDE.

Ah ! voilà qui eſt bien. Je ſuis bien aiſe que la force vous revienne un peu, & que ma viſite vous faſſe du bien. Oh ça, nous parlerons d'affaires tantoſt. Je vous amene icy un divertiſſement, que j'ay rencontré, qui diſſipera voſtre chagrin, & vous rendra l'ame mieux diſpoſée aux choſes que nous avons à dire. Ce ſont des Egyptiens veſtus en Mores, qui font des danſes meſlées de chanſons, où je ſuis ſeur que vous prendrez plaiſir, & cela vaudra bien une ordonnance de Monſieur Purgon. Allons.

Fin du ſecond Acte.

SECOND INTERMEDE.

LE Frere du *Malade Imaginaire*, luy améne pour le divertir, plusieurs Egyptiens & Egyptiennes vêtus en Mores, qui font des Danses entre-meslées de Chansons.

Premiere Femme More.

Profitez du Printemps
De vos beaux ans,
Aimable jeunesse ;
Profitez du Printemps
De vos beaux ans,
Donnez-vous à la tendresse.

Les plaisirs les plus charmans,
Sans l'amoureuse flâme,
Pour contenter une ame
N'ont point d'attraits assez puissans.

Profitez du Printemps
De vos beaux ans,
Aimable jeunesse ;
Profitez du Printemps
De vos beaux ans,
Donnez-vous à la tendresse.

Ne perdez point ces precieux momens ;
La beauté passe,
Le temps l'efface,
L'âge de glace
Vient à sa place,
Qui nous oste le goust de ces doux passe-temps.

Profitez du Printemps
De vos beaux ans,
Aimable jeunesse,
Profitez du Printemps,
De vos beaux ans,
Donnez-vous à la tendresse.

Seconde Femme More.

Quand d'aimer on nous presse,
A quoy songez-vous ?
Nos cœurs dans la jeunesse
N'ont vers la tendresse
Qu'un panchant trop doux ;
L'amour a pour nous prendre
De si doux attraits,
Que de soy, sans attendre,
On voudroit se rendre
A ses premiers traits :
Mais tout ce qu'on éconte,
Des vives douleurs
Et des pleurs qu'il nous couste,
Fait qu'on en redoute
Toutes les douceurs.

COMEDIE.

Troisiéme Femme More.

Il est doux à nostre âge
  D'aimer tendrement
    Un Amant
      Qui s'engage :
Mais s'il est volage,
Helas ! quel tourment ?

Quatriéme Femme More.

L'Amant qui se dégage
  N'est pas le mal-heur,
    La douleur
    Et la rage ;
C'est que le volage
Garde nostre cœur.

Seconde Femme More.

Quel party faut-il prendre
  Pour nos jeunes cœurs ?

Quatriéme Femme More.

Devons-nous nous y rendre
  Malgré ses rigueurs ?

Ensemble.

Oüy, suivons ses ardeurs,
Ses transports, ses caprices,
Ses douces langueurs ;
S'il a quelques supplices,
Il a cent délices
Qui charment les cœurs.

ENTRE'E DE BALLET.

Tous les Mores dansent ensemble, & font sauter des Singes qu'ils ont amenez avec eux.

ACTE III.
SCENE PREMIERE.

Cet Acte entier n'est point dans les Editions precedentes de la Prose de Monsieur Moliere ; le voicy restably sur l'original de l'Autheur.

BERALDE, ARGAN, TOINETTE.

BERALDE.

E' bien, mon Frere, qu'en dites-vous ? cela ne vaut-il pas bien une prise de casse ?

TOINETTE.

Hon, de bonne casse est bonne.

BERALDE.

Oh ça, voulez-vous que nous parlions un peu ensemble ?

ARGAN.

Un peu de patience, mon Frere, je vais revenir.

TOINETTE.

Tenez, Monsieur, vous ne songez pas que vous ne sçauriez marcher sans bâton.

ARGAN.

Tu as raison.

SCENE II.

BERALDE, TOINETTE.

TOINETTE.

N'Abandonnez pas, s'il vous plaift, les interefts de voftre Niéce.

BERALDE.

J'emploiray toutes chofes pour luy obtenir ce qu'elle fouhaite.

TOINETTE.

Il faut abfolument empefcher ce Mariage extravagant, qu'il s'eft mis dans la fantaifie, & j'avois fongé en moy-mefme, que ç'auroit efté une bonne affaire, de pouvoir introduire icy un Medecin à noftre pofte, pour le dégoûter de fon Monfieur Purgon, & luy décrier fa conduite. Mais comme nous n'avons perfonne en main pour cela, j'ay refolu de joüer un tour de ma tefte.

BERALDE.

Comment ?

TOINETTE.

C'eft une imagination burlefque. Cela fera peut-eftre plus heureux que fage. Laiffez-moy faire; agiffez de voftre cofté. Voicy noftre homme.

SCENE III.

ARGAN, BERALDE.

BERALDE.

Vous voulez bien, mon Frere, que je vous demande avant toute chose, de ne vous point échauffer l'esprit dans nostre conversation.

ARGAN.
Voilà qui est fait.

BERALDE.
De répondre sans nulle aigreur aux choses que je pourray vous dire.

ARGAN.
Oüy.

BERALDE.
Et de raisonner ensemble sur les affaires dont nous avons à parler, avec un esprit détaché de toute passion.

ARGAN.
Mon Dieu oüy. Voilà bien du préambule.

BERALDE.
D'où vient, mon Frere, qu'ayant le bien que vous avez, & n'ayant d'enfans qu'une Fille ; car je ne conte pas la petite : D'où vient, dis-je, que vous parlez de la mettre dans un Couvent ?

ARGAN.
D'où vient, mon Frere, que je suis maistre dans ma famille, pour faire ce que bon me semble.

BERALDE.
Vostre femme ne manque pas de vous conseiller

de vous défaire ainsi de vos deux Filles, & je ne doute point, que par un esprit de charité elle ne fust ravie de les voir toutes deux bonnes Religieuses.

ARGAN.

Oh ça, nous y voicy. Voilà d'abord la pauvre femme en jeu. C'est elle qui fait tout le mal, & tout le monde luy en veut.

BERALDE.

Non, mon Frere, laissons-la là ; c'est une femme qui a les meilleures intentions du monde pour vostre famille, & qui est détachée de toute sorte d'interest ; qui a pour vous une tendresse merveilleuse, & qui montre pour vos enfans, une affection & une bonté, qui n'est pas concevable, cela est certain. N'en parlons point, & revenons à vostre Fille. Sur quelle pensée, mon Frere, la voulez-vous donner en mariage au fils d'un Medecin ?

ARGAN.

Sur la pensée, mon Frere, de me donner un gendre tel qu'il me faut.

BERALDE.

Ce n'est point-là, mon Frere, le fait de vostre Fille, & il se presente un party plus sortable pour elle.

ARGAN.

Oüy, mais celuy-cy, mon Frere, est plus sortable pour moy.

BERALDE.

Mais le mary qu'elle doit prendre, doit-il estre, mon Frere, ou pour elle, ou pour vous ?

ARGAN.

Il doit estre, mon Frere, & pour elle, & pour moy, & je veux mettre dans ma famille les gens dont j'ay besoin.

BERALDE.
Par cette raison-là, si vostre petite estoit grande, vous luy donneriez en mariage un Apothiquaire.
ARGAN.
Pourquoy non ?
BERALDE.
Est-il possible que vous serez toûjours embeguiné de vos Apothiquaires, & de vos Medecins, & que vous vouliez estre malade en dépit des gens, & de la nature ?
ARGAN.
Comment l'entendez-vous, mon Frere ?
BERALDE.
J'entens, mon Frere, que je ne vois point d'homme, qui soit moins malade que vous, & que je ne demanderois point une meilleure constitution que la vostre. Une grande marque que vous vous portez bien, & que vous avez un corps parfaitement bien composé ; c'est qu'avec tous les soins que vous avez pris, vous n'avez pû parvenir encore à gâter la bonté de vostre temperamment, & que vous n'estes point crevé de toutes les medecines qu'on vous a fait prendre.
ARGAN.
Mais sçavez-vous, mon Frere, que c'est cela qui me conserve, & que Monsieur Purgon dit que je succomberois, s'il estoit seulement trois jours, sans prendre soin de moy ?
BERALDE.
Si vous n'y prenez garde, il prendra tant de soin de vous, qu'il vous envoyera en l'autre monde.
ARGAN.
Mais raisonnons un peu, mon Frere. Vous ne croyez donc point à la Medecine ?
BERALDE.
Non, mon Frere, & je ne voy pas que pour

son salut, il soit neceſſaire d'y croire.

ARGAN.

Quoy vous ne tenez pas veritable une choſe établie par tout le monde, & que tous les ſiecles ont reverée?

BERALDE.

Bien loin de la tenir veritable, je la trouve entre nous, une des plus grandes folies qui ſoit parmy les hommes; & à regarder les choſes en Philoſophe, je ne voy point de plus plaiſante mommerie; je ne voy rien de plus ridicule, qu'un homme qui ſe veut meſler d'en guerir un autre.

ARGAN.

Pourquoy ne voulez-vous pas, mon Frere, qu'un homme en puiſſe guerir un autre?

BERALDE.

Par la raiſon, mon Frere, que les reſſorts de nôtre machine ſont des myſteres juſques icy, où les hommes ne voyent goute; & que la nature nous a mis au devant des yeux des voiles trop épais pour y connoiſtre quelque choſe.

ARGAN.

Les Medecins ne ſçavent donc rien à voſtre conte?

BERALDE.

Si fait, mon Frere. Ils ſçavent la pluſpart de fort belles humanitez; ſçavent parler en beau Latin, ſçavent nommer en Grec toutes les maladies, les definir, & les diviſer; mais pour ce qui eſt de les guerir, c'eſt ce qu'ils ne ſçavent point du tout.

ARGAN.

Mais toûjours faut-il demeurer d'accord, que ſur cette matiere les Medecins en ſçavent plus que les autres.

BERALDE.

Ils ſçavent, mon Frere, ce que je vous ay dit,

qui ne guerit pas de grand'chose, & toute l'excellence de leur Art consiste en un pompeux galimatias, en un specieux babil, qui vous donne des mots pour des raisons, & des promesses pour des effets.

ARGAN.
Mais enfin, mon Frere, il y a des gens aussi sages, & aussi habiles que vous; & nous voyons que dans la maladie tout le monde a recours aux Medecins.

BERALDE.
C'est une marque de la foiblesse humaine, & non pas de la verité de leur Art.

ARGAN.
Mais il faut bien que les Medecins croyent leur Art veritable, puis qu'ils s'en servent pour eux-mesmes.

BERALDE.
C'est qu'il y en a parmy eux, qui sont eux-mesmes dans l'erreur populaire, dont ils profitent, & d'autres qui en profitent sans y estre. Vostre Monsieur Purgon, par exemple, n'y sçait point de finesse; c'est un homme tout Medecin, depuis la teste jusqu'aux pieds. Un homme qui croit à ses regles, plus qu'à toutes les démonstrations des Mathematiques, & qui croyroit du crime à les vouloir examiner; qui ne voit rien d'obscur dans la Medecine, rien de douteux, rien de difficile, & qui avec une impetuosité de prévention, une roideur de confiance, une brutalité de sens commun & de raison, donne au travers des purgations & des saignées, & ne balance aucune chose. Il ne luy faut point vouloir mal de tout ce qu'il pourra vous faire, c'est de la meilleure foy du monde, qu'il vous expediera, & il ne fera, en vous tuant, que ce qu'il a fait à sa femme & à

ses enfans, & ce qu'en un besoin il seroit à luy-mesme.

ARGAN.

C'est que vous avez, mon Frere, une dent de lait contre luy. Mais enfin, venons au fait. Que faire donc, quand on est malade ?

BERALDE.

Rien, mon Frere.

ARGAN.

Rien ?

BERALDE.

Rien. Il ne faut que demeurer en repos. La nature d'elle-mesme, quand nous la laissons faire, se tire doucement du desordre où elle est tombée. C'est nostre inquietude, c'est nostre impatience qui gaste tout, & presque tous les hommes meurent de leurs remedes, & non pas de leurs maladies.

ARGAN.

Mais il faut demeurer d'accord, mon Frere, qu'on peut ayder cette nature par de certaines choses.

BERALDE.

Mon Dieu, mon Frere, ce sont pures idées, dont nous aymons à nous repaistre; & de tout temps il s'est glissé parmy les hommes de belles imaginations que nous venons à croire, parce qu'elles nous flattent, & qu'il seroit à souhaiter qu'elles fussent veritables. Lors qu'un Medecin vous parle d'ayder, de secourir, de soulager la nature, de luy oster ce qui luy nuit, & luy donner ce qui luy manque, de la restablir, & de la remettre dans une pleine facilité de ses fonctions : Lors qu'il vous parle de rectifier le sang, de temperer les entrailles, & le cerveau, de dégonfler la ratte, de racommoder la poitrine, de reparer le foye, de fortifier le cœur, de rétablir & conserver la chaleur naturelle, & d'avoir des secrets pour étendre la vie à de longues années ; il vous dit justement le Roman de la Medecine. Mais quand vous en venez à la verité, & à l'experience, vous ne trouvez rien de tout cela, & il en est comme de ces beaux songes, qui ne vous laissent au réveil que le déplaisir de les avoir creus.

ARGAN.

C'est à dire, que toute la science du monde est renfermée dans vostre teste, & vous voulez en sçavoir plus que tous les grands Medecins de nôtre siecle.

BERALDE.

Dans les discours, & dans les choses, ce sont deux sortes de personnes, que vos grands Medecins. Entendez-les parler, les plus habiles gens du monde ; voyez-les faire, les plus ignorans de tous les hommes.

ARGAN.

Hoy. Vous estes un grand Docteur, à ce que je voy, & je voudrois bien qu'il y eust icy quelqu'un de ces Messieurs pour rembarrer vos raisonnemens, & rabaisser vostre caquet.

BERALDE.

Moy, mon Frere, je ne prens point à tâche de combatre la Medecine, & chacun à ses perils, & fortune, peut croire tout ce qu'il luy plaist. Ce que j'en dis n'est qu'entre nous, & j'aurois souhaité de pouvoir un peu vous tirer de l'erreur où vous estes ; & pour vous divertir vous mener voir sur ce chapitre quelqu'une des Comedies de Moliere.

ARGAN.

C'est un bon impertinent que vostre Moliere avec ses Comedies, & je le trouve bien plaisant d'aller joüer d'honnestes gens comme les Medecins.

T iiij

BERALDE.

Ce ne font point les Medecins qu'il joüé, mais le ridicule de la Medecine.

ARGAN.

C'est bien à luy à faire de se mesler de contrôler la Medecine ; voilà un bon nigaut, un bon impertinent, de se mocquer des consultations & des ordonnances, de s'attaquer au Corps des Medecins, & d'aller mettre sur son Theatre des personnes venerables comme ces Messieurs-là.

BERALDE.

Que voulez-vous qu'il y mette, que les diverses Professions des hommes ? On y met bien tous les jours les Princes & les Roys, qui sont d'aussi bonne maison que les Medecins.

ARGAN.

Par la mort-non-de-diable, si j'estois que des Medecins je me vangerois de son impertinence, & quand il sera malade je le laisserois mourir sans secours. Il auroit beau faire & beau dire, je ne luy ordonnerois pas la moindre petite saignée, le moindre petit lavement ; & je luy dirois, creve, creve, cela t'apprendra une autre fois à te joüer à la Faculté.

BERALDE.

Vous voilà bien en colere contre luy.

ARGAN.

Oüy, c'est un mal-avisé, & si les Medecins sont sages, ils feront ce que je dis.

BERALDE.

Il sera encore plus sage que vos Medecins, car il ne leur demandera point de secours.

ARGAN.

Tant pis pour luy, s'il n'a point recours aux remedes.

BERALDE.

Il a ses raisons pour n'en point vouloir, & il soûtient que cela n'est permis qu'aux gens vigoureux & robustes, & qui ont des forces de reste pour porter les remédes avec la maladie; mais que pour luy il n'a justement de la force, que pour porter son mal.

ARGAN.

Les sottes raisons que voilà. Tenez, mon Frere, ne parlons point de cet homme-là davantage, car cela m'échauffe la bile, & vous me donneriez mon mal.

BERALDE.

Je le veux bien, mon Frere, & pour changer de discours, je vous diray que sur une petite repugnance que vous témoigne vostre Fille, vous ne devez point prendre les resolutions violentes de la mettre dans un Convent. Que pour le choix d'un gendre, il ne vous faut pas suivre aveuglement la passion qui vous emporte, & qu'on doit sur cette matiere s'accommoder un peu à l'inclination d'une Fille, puisque c'est pour toute la vie, & que de-là dépend tout le bon-heur d'un Mariage.

SCENE IV.

Mr FLEURANT *une seringue à la main.*
ARGAN, BERALDE.

ARGAN.

AH! mon Frere, avec voſtre permiſſion.
BERALDE.
Comment, que voulez-vous faire?
ARGAN.
Prendre ce petit lavement-là, ce fera bien-toſt fait.
BERALDE.
Vous vous moquez. Eſt-ce que vous ne ſçauriez eſtre un moment ſans lavement, ou ſans medecine? Remettez cela à une autre fois, & demeurez un peu en repos.
ARGAN.
Monſieur Fleurant, à ce ſoir, ou à demain au matin.
MONSIEUR FLEURANT *à Beralde.*
Dequoy vous meſlez-vous de vous oppoſer aux ordonnances de la Medecine, & d'empeſcher Monſieur de prendre mon clyſtere; vous eſtes bien plaiſant d'avoir cette hardieſſe-là?
BERALDE.
Allez, Monſieur, on voit bien que vous n'avez pas accoûtumé de parler à des viſages.
MONSIEUR FLEURANT.
On ne doit point ainſi ſe jouer des remedes, & me faire perdre mon temps. Je ne ſuis venu icy que ſur une bonne ordonnance, & je vay dire à Monſieur Purgon, comme on m'a empeſché d'executer ſes ordres, & de faire ma fonction. Vous verrez, vous verrez....

COMEDIE.

ARGAN.

Mon Frere, vous serez cause icy de quelque malheur.

BERALDE.

Le grand mal-heur de ne pas prendre un lavement, que Monsieur Purgon a ordonné. Encore un coup, mon Frere, est-il possible qu'il n'y ait pas moyen de vous guerir de la maladie des Medecins, & que vous vouliez estre toute vostre vie ensevely dans leurs remedes ?

ARGAN.

Mon Dieu, mon Frere, vous en parlez comme un homme qui se porte bien ; mais si vous estiez à ma place, vous changeriez bien de langage. Il est aisé de parler contre la Medecine, quand on est en pleine santé.

BERALDE.

Mais quel mal avez vous ?

ARGAN.

Vous me feriez enrager. Je voudrois que vous l'eussiez, mon mal, pour voir si vous jaseriez tant. Ah ! voicy Monsieur Purgon.

SCENE V.

MONSIEUR PURGON, ARGAN, BERALDE, TOINETTE.

MONSIEUR PURGON.

JE viens d'apprendre là bas à la porte de jolies nouvelles. Qu'on se mocque icy de mes ordonnances, & qu'on a fait refus de prendre le remede que j'avois prescrit.

ARGAN.
Monsieur, ce n'est pas....
MONSIEUR PURGON.
Voilà une hardiesse bien grande, une étrange rebellion d'un malade contre son Medecin.
TOINETTE.
Cela est épouvantable.
MONSIEUR PURGON.
Un clystere que j'avois pris plaisir à composer moy-mesme.
ARGAN.
Ce n'est pas moy....
MONSIEUR PURGON.
Inventé, & formé dans toutes les regles de l'Art.
TOINETTE.
Il a tort.
MONSIEUR PURGON.
Et qui devoit faire dans des entrailles un effet merveilleux.
ARGAN.
Mon Frere?
MONSIEUR PURGON.
Le renvoyer avec mépris!
ARGAN.
C'est luy....
MONSIEUR PURGON.
C'est une action exorbitante.
TOINETTE.
Cela est vray.
MONSIEUR PURGON.
Un attentat énorme contre la Medecine.
ARGAN.
Il est cause....
MONSIEUR PURGON.
Un crime de leze-Faculté, qui ne se peut assez punir.

COMEDIE.
TOINETTE.
Vous avez raison.
MONSIEUR PURGON.
Je vous déclare que je romps commerce avec vous.
ARGAN.
C'est mon Frere....
MONSIEUR PURGON.
Que je ne veux plus d'alliance avec vous.
TOINETTE.
Vous ferez bien.
MONSIEUR PURGON.
Et que pour finir toute liaison avec vous, voilà la donation que je faisois à mon Neveu en faveur du Mariage.
ARGAN.
C'est mon Frere qui a fait tout le mal.
MONSIEUR PURGON.
Méprifer mon clyftere?
ARGAN.
Faites le venir, je m'en vay le prendre.
MONSIEUR PURGON.
Je vous aurois tiré d'affaire avant qu'il fuft peu.
TOINETTE.
Il ne le merite pas.
MONSIEUR PURGON.
J'allois nettoyer voftre corps, & en évacuer entierement les mauvaifes humeurs.
ARGAN.
Ah mon Frere !
MONSIEUR PURGON.
Et je ne voulois plus qu'une douzaine de medecines, pour vuider le fond du fac.
TOINETTE.
Il eft indigne de vos foins.

MONSIEUR PURGON.
Mais puifque vous n'avez pas voulu guerir par mes mains.
ARGAN.
Ce n'eft pas ma faute.
MONSIEUR PURGON.
Puifque vous vous eftes fouftrait de l'obeïſſance que l'on doit à fon Medecin.
TOINETTE.
Cela crie vangeance.
MONSIEUR PURGON.
Puifque vous vous eftes déclaré rebelle aux remedes que je vous ordonnois.
ARGAN.
Hé point du tout.
MONSIEUR PURGON.
J'ay à vous dire que je vous abandonne à voftre mauvaife conftitution, à l'intemperie de vos entrailles, à la corruption de voftre fang, à l'acreté de voftre bile, & à la fœculence de vos humeurs.
TOINETTE.
C'eft fort bien fait.
ARGAN.
Mon Dieu !
MONSIEUR PURGON.
Et je veux qu'avant qu'il foit quatre jours, vous deveniez dans un eftat incurable.
ARGAN.
Ah ! mifericorde.
MONSIEUR PURGON.
Que vous tombiez dans la Bradypépfie.
ARGAN.
Monfieur Purgon.
MONSIEUR PURGON.
De la Bradypépfie dans la Dyfpépfie.

COMEDIE.
ARGAN.
Monsieur Purgon.
MONSIEUR PURGON.
De la Dyspépsie, dans l'Apépsie.
ARGAN.
Monsieur Purgon.
MONSIEUR PURGON.
De l'Apépsie dans la Lienterie.
ARGAN.
Monsieur Purgon.

MONSIEUR PURGON.
De la Lienterie dans la Dyssenterie.
ARGAN.
Monsieur Purgon.
MONSIEUR PURGON.
De la Dyssenterie, dans l'Hidropisie.
ARGAN.
Monsieur Purgon.
MONSIEUR PURGON.
Et de l'Hidropisie dans la privation de la vie, où vous aura conduit vostre folie.

❀❀❀❀❀❀❀❀❀❀❀❀

SCENE VI.

ARGAN, BERALDE.

ARGAN.

AH! mon Dieu, je suis mort. Mon Frere vous m'avez perdu.
BERALDE.
Quoy? qu'y a-t-il?

ARGAN.

Je n'en puis plus. Je sens déja que la Medecine se vange.

BERALDE.

Ma foy, mon Frere, vous estes fou, & je ne voudrois pas pour beaucoup de choses qu'on vous vist faire ce que vous faites. Tâtez-vous un peu, je vous prie ; revenez à vous-mesme ; & ne donnez point tant à vostre imagination.

ARGAN.

Vous voyez, mon Frere, les étranges maladies, dont il m'a menacé.

BERALDE.

Le simple homme que vous estes !

ARGAN.

Il dit que je deviendray incurable avant qu'il soit quatre jours.

BERALDE.

Et ce qu'il dit, que fait-il à la chose ? Est-ce un Oracle qui a parlé ? Il semble à vous entendre, que Monsieur Purgon tienne dans ses mains le filet de vos jours, & que d'authorité suprême il vous l'allonge, & vous le racourcisse comme il luy plaist. Songez que les principes de vostre vie sont en vous-mesme ; & que le courroux de Monsieur Purgon est aussi peu capable de vous faire mourir, que ses remedes de vous faire vivre. Voicy une avanture si vous voulez à vous défaire des Medecins, ou si vous estes né à ne pouvoir vous en passer, il est aisé d'en avoir un autre, avec lequel, mon Frere, vous pussiez courir un peu moins de risque.

ARGAN.

Ah ! mon Frere, il sçait tout mon temperamment, & la maniére dont il faut me gouverner.

BERALDE.

COMEDIE.
BERALDE.

Il faut vous avoüer que vous estes un homme d'une grande prévention, & que vous voyez les choses avec d'étranges yeux.

SCENE VII.
TOINETTE, ARGAN, BERALDE.

TOINETTE.

MOnsieur, voilà un Medecin qui demande à vous voir.

ARGAN.
Et quel Medecin ?

TOINETTE.
Un Medecin de la Medecine.

ARGAN.
Je te demande qui il est ?

TOINETTE.

Je ne le connois pas ; mais il me ressemble comme deux goutes d'eau, & si je n'estois seure que ma mere estoit honneste femme, je dirois que ce seroit quelque petit frere, qu'elle m'auroit donné depuis le trépas de mon pere.

ARGAN.
Fay-le venir.

BERALDE.
Vous estes servy à souhait. Un Medecin vous quitte, un autre se presente.

ARGAN.
J'ay bien peur que vous ne soyez cause de quelque mal-heur.

Tome VIII.   V

BERALDE.

Encore ! Vous en revenez toûjours-là ?

ARGAN.

Voyez-vous, j'ay sur le cœur toutes ces maladies-là que je ne connois point, ces.....

SCENE VIII.

TOINETTE *en Medecin*. ARGAN, BERALDE.

TOINETTE.

Monsieur, agréez que je vienne vous rendre visite, & vous offrir mes petits services pour toutes les saignées, & les purgations, dont vous aurez besoin.

ARGAN.

Monsieur, je vous suis fort obligé. Par ma foy, voilà Toinette elle-mesme.

TOINETTE.

Monsieur, je vous prie de m'excuser, j'ay oublié de donner une commission à mon Valet, je reviens tout à l'heure.

ARGAN.

Eh ! ne diriez-vous pas que c'est effectivement Toinette ?

BERALDE.

Il est vray que la ressemblance est tout-à-fait grande. Mais ce n'est pas la premiere fois qu'on a veu de ces sortes de choses, & les Histoires ne sont pleines que de ces jeux de la nature.

ARGAN.
Pour moy j'en suis surpris, &....

SCENE IX.

TOINETTE, ARGAN, BERALDE.

TOINETTE quitte son habit de Medecin si promptement, qu'il est difficile de croire que ce soit elle qui a paru en Medecin.

Que voulez-vous, Monsieur ?
ARGAN.
Comment ?
TOINETTE.
Ne m'avez-vous pas appellée ?
ARGAN.
Moy ? non.
TOINETTE.
Il faut donc que les oreilles m'ayent corné.
ARGAN.
Demeure un peu icy pour voir comme ce Medecin te ressemble.
TOINETTE *en sortant dit :*
Oüy, vrayment, j'ay affaire là bas, & je l'ay assez veu.
ARGAN.
Si je ne les voyois tous deux, je croyrois que ce n'est qu'un.
BERALDE.
J'ay leu des choses surprenantes de ces sortes de ressemblances, & nous en avons veu de nô-

tre temps, où tout le monde s'eſt trompé.

ARGAN.

Pour moy j'aurois eſté trompé à celle-là, & j'aurois juré que c'eſt la meſme perſonne.

SCENE X.

TOINETTE *en Medecin.* ARGAN, BERALDE.

TOINETTE.

Monſieur, je vous demande pardon de tout mon cœur.

ARGAN.

Cela eſt admirable !

TOINETTE.

Vous ne trouverez pas mauvais, s'il vous plaiſt, la curioſité que j'ay euë de voir un illuſtre malade comme vous eſtes, & voſtre reputation qui s'étend par tout, peut excuſer la liberté que j'ay priſe.

ARGAN.

Monſieur, je ſuis voſtre ſerviteur.

TOINETTE.

Je voy, Monſieur, que vous me regardez fixement. Quel âge croyez-vous bien que j'aye ?

ARGAN.

Je croy que tout au plus vous pouvez avoir vingt-ſix, ou vingt-ſept ans.

TOINETTE.

Ah, ah, ah, ah, ah ! J'en ay quatre vingt-dix.

COMEDIE.
ARGAN.
Quatre vingt-dix ?
TOINETTE.
Oüy. Vous voyez un effet des secrets de mon Art, de me conserver ainsi frais & vigoureux.
ARGAN.
Par ma foy voilà un beau jeune Vieillard pour quatre-vingt dix ans.
TOINETTE.
Je suis Medecin passager, qui vais de Ville en Ville, de Province en Province, de Royaume en Royaume, pour chercher d'illustres matieres à ma capacité, pour trouver des malades dignes de m'occuper, capables d'exercer les grands, & beaux secrets que j'ay trouvez dans la Medecine. Je dédaigne de m'amuser à ce menu fatras de maladies ordinaires, à ces bagatelles de rhumatisme & défluxions, à ces fiévrotes, à ces vapeurs, & à ces migraines. Je veux des maladies d'importance, de bonnes fiévres continuës, avec des transports au cerveau, de bonnes fiévres pourprées, de bonnes pestes, de bonnes hidropisies formées, de bonnes pleuresies, avec des inflammations de poitrine, c'est-là que je me plais, c'est-là que je triomphe ; & je voudrois, Monsieur, que vous eussiez toutes les maladies que je viens de dire, que vous fussiez abandonné de tous les Medecins, desesperé, à l'agonie, pour vous montrer l'excellence de mes remedes, & l'envie que j'aurois de vous rendre service.
ARGAN.
Je vous suis obligé, Monsieur, des bontez que vous avez pour moy.
TOINETTE.
Donnez-moy vostre poux. Allons donc que l'on batte comme il faut. Ahy, je vous feray bien al-

ler comme vous devez. Hoy, ce poux-là fait l'impertinent ; je voy bien que vous ne me connoissez pas encore. Qui est vostre Medecin ?

ARGAN.

Monsieur Purgon.

TOINETTE.

Cet homme-là n'est point écrit sur mes tablettes entre les grands Medecins. Dequoy, dit-il, que vous estes malade ?

ARGAN.

Il dit que c'est du foye, & d'autres disent que c'est de la ratte.

TOINETTE.

Ce sont tous des ignorans, c'est du poulmon que vous estes malade.

ARGAN.

Du poulmon ?

TOINETTE.

Oüy. Que sentez-vous ?

ARGAN.

Je sens de temps en temps des douleurs de teste.

TOINETTE.

Justement, le poulmon.

ARGAN.

Il me semble parfois que j'ay un voile devant les yeux.

TOINETTE.

Le poulmon.

ARGAN.

J'ay quelquefois des maux de cœur.

TOINETTE.

Le poulmon.

ARGAN.

Je sens parfois des lassitudes par tous les membres.

COMEDIE.
TOINETTE.
Le poulmon.

ARGAN.
Et quelquefois il me prend des douleurs dans le ventre, comme si c'estoit des coliques.

TOINETTE.
Le poulmon. Vous avez appetit à ce que vous mangez ?

ARGAN.
Oüy, Monsieur.

TOINETTE.
Le poulmon. Vous aymez à boire un peu de vin ?

ARGAN.
Oüy, Monsieur.

TOINETTE.
Le poulmon. Il vous prend un petit sommeil aprés le repas, & vous estes bien aise de dormir ?

ARGAN.
Oüy, Monsieur.

TOINETTE.
Le poulmon, le poulmon, vous dis-je. Que vous ordonne vostre Medecin pour vostre nourriture ?

ARGAN.
Il m'ordonne du potage.

TOINETTE.
Ignorant.

ARGAN.
De la volaille.

TOINETTE.
Ignorant.

ARGAN.
Du veau.

TOINETTE.
Ignorant.

ARGAN.
Des boüillons.

TOINETTE.
Ignorant.

ARGAN.
Des œufs frais.

TOINETTE.
Ignorant.

ARGAN.
Et le soir de petits pruneaux pour lâcher le ventre.

TOINETTE.
Ignorant.

ARGAN.
Et sur tout de boire mon vin fort trempé.

TOINETTE.
Ignorantus, ignoranta, ignorantum. Il faut boire vostre vin pur, & pour épaissir vostre sang qui est trop subtil, il faut manger de bon gros Bœuf, de bon gros Porc, de bon fromage de Hollande, du gruau & du ris, & des marons & des oublies, pour coler & conglutiner. Vostre Medecin est une beste. Je veux vous en envoyer un de ma main, & je viendray vous voir de temps en temps, tandis que je seray en cette Ville.

ARGAN.
Vous m'obligez beaucoup.

TOINETTE.
Que diantre faites-vous de ce bras-là ?

ARGAN.
Comment ?

TOINETTE.
Voilà un bras que je me ferois couper tout à l'heure, si j'estois que de vous.

ARGAN.
Et pourquoy ?

TOINETTE.

COMEDIE.
TOINETTE.
Ne voyez-vous pas qu'il tire à soy toute la nourriture, & qu'il empesche ce costé-là de profiter?

ARGAN.
Oüy, mais j'ay besoin de mon bras.

TOINETTE.
Vous avez-là aussi un œil droit que je me ferois crever, si j'estois en vostre place.

ARGAN.
Crever un œil?

TOINETTE.
Ne voyez-vous pas qu'il incommode l'autre, & luy dérobe sa nourriture? Croyez-moy, faites-vous-le crever au plûtost, vous en verrez plus clair de l'œil gauche.

ARGAN.
Cela n'est pas pressé.

TOINETTE.
Adieu. Je suis fâché de vous quitter si-tost, mais il faut que je me trouve à une grande Consultation qui se doit faire, pour un homme qui mourut hier.

ARGAN.
Pour un homme qui mourut hier?

TOINETTE.
Oüy, pour aviser, & voir ce qu'il auroit falu luy faire pour le guérir. Jusqu'au revoir.

ARGAN.
Vous sçavez que les malades ne reconduisent point.

BERALDE.
Voilà un Medecin vrayment, qui paroist fort habile.

ARGAN.
Oüy, mais il va un peu bien viste.

Tome VIII.

LE MALADE IMAGINAIRE,

BERALDE.
Tous les grands Medecins sont comme cela.

ARGAN.
Me couper un bras, & me crever un œil, afin que l'autre se porte mieux ? J'ayme bien mieux qu'il ne se porte pas si bien. La belle operation, de me rendre borgne & manchot !

SCENE XI.

TOINETTE, ARGAN, BERALDE.

TOINETTE.

Allons, allons, je suis vostre servante. Je n'ay pas envie de rire.

ARGAN.
Qu'est-ce que c'est ?

TOINETTE.
Vostre Medecin, ma foy, qui me vouloit tâter le poux.

ARGAN.
Voyez un peu à l'âge de quatre-vingt dix ans.

BERALDE.
Oh çà, mon Frere, puisque voilà vostre Monsieur Purgon broüillé avec-vous, ne voulez-vous pas bien que je vous parle du party, qui s'offre pour ma Niéce ?

ARGAN.
Non, mon Frere, je veux la mettre dans un Convent, puis qu'elle s'est opposée à mes volontez. Je voy bien qu'il y a quelque amourette là-dessous, & j'ay découvert certaine entre-veuë secrette, qu'on ne sçait pas que j'aye découverte.

BERALDE.

Hé bien, mon Frere, quand il y auroit quelque petite inclination, cela seroit-il si criminel, & rien peut-il vous offencer, quand tout ne va qu'à des choses honnestes, comme le Mariage?

ARGAN.

Quoy qu'il en soit, mon Frere, elle sera Religieuse, c'est une chose resoluë.

BERALDE.

Vous voulez faire plaisir à quelqu'un.

ARGAN.

Je vous entends. Vous en revenez toûjours-là, & ma femme vous tient au cœur.

BERALDE.

Hé bien oüy, mon Frere, puisqu'il faut parler à cœur ouvert, c'est vostre femme que je veux dire; & non plus que l'entestement de la Medecine, je ne puis vous souffrir l'entestement où vous estes pour elle, & voir que vous donniez teste baissée dans tous les piéges qu'elle vous tend.

TOINETTE.

Ah! Monsieur, ne parlez point de Madame, c'est une femme sur laquelle il n'y a rien à dire, une femme sans artifice, & qui ayme Monsieur, qui l'ayme.... On ne peut pas dire cela.

ARGAN.

Demandez-luy un peu les caresses qu'elle me fait.

TOINETTE.

Cela est vray.

ARGAN.

L'inquietude que luy donne ma maladie.

TOINETTE.

Assurement.

ARGAN.

Et les soins, & les peines qu'elle prend autour de moy.

TOINETTE.

Il est certain. Voulez-vous que je vous convainque, & vous fasse voir tout à l'heure comme Madame ayme Monsieur. Monsieur, souffrez que je luy montre son bec jaune, & le tire d'erreur.

ARGAN.

Comment ?

TOINETTE.

Madame s'en va revenir. Mettez-vous tout étendu dans cette chaise, & contrefaites le mort. Vous verrez la douleur où elle sera, quand je luy diray la nouvelle.

ARGAN.

Je le veux bien.

TOINETTE.

Oüy, mais ne la laissez pas long-temps dans le desespoir, car elle en pourroit bien mourir.

ARGAN.

Laisse-moy faire.

TOINETTE *à Beralde.*

Cachez-vous, vous, dans ce coin-là.

ARGAN.

N'y a-t-il point quelque danger à contrefaire le mort ?

TOINETTE.

Non, non. Quel danger y auroit-il ? Etendez-vous-là seulement, *bas.* Il y aura plaisir à confondre vostre Frere. Voicy Madame. Tenez-vous bien.

SCENE XII.

BELINE, TOINETTE, ARGAN, BERALDE.

TOINETTE *s'écrie.*

AH! mon Dieu! ah mal-heur! quel étrange accident!
BELINE.
Qu'est-ce, Toinette?
TOINETTE.
Ah, Madame!
BELINE.
Qu'y a-t-il?
TOINETTE.
Vostre mary est mort.
BELINE.
Mon mary est mort?
TOINETTE.
Helas oüy. Le pauvre défunt est trepassé.
BELINE.
Assurement?
TOINETTE.
Assurement. Personne ne sçait encore cet accident-là, & je me suis trouvé icy toute seule. Il vient de passer entre mes bras. Tenez, le voilà tout de son long dans cette chaise.

BELINE.

Le Ciel en soit loüé. Me voilà délivrée d'un grand fardeau. Que tu es sotte, Toinette, de t'affliger de cette mort!

TOINETTE.

Je pensois, Madame, qu'il faluſt pleurer.

BELINE.

Va, va, cela n'en vaut pas la peine. Quelle perte eſt-ce que la ſienne, & dequoy ſervoit-il ſur la terre? un homme incommode à tout le monde, mal propre, dégoûtant, ſans ceſſe un lavement, ou une medecine dans le ventre, mouchant, touſſant, crachant toûjours, ſans eſprit, ennuyeux, de mauvaiſe humeur, fatigant ſans ceſſe les gens, & grondant jour & nuit Servantes, & Valets.

TOINETTE.

Voilà une belle Oraiſon funebre.

BELINE.

Il faut, Toinette, que tu m'aydes à executer mon deſſein, & tu peux croire qu'en me ſervant ta recompenſe eſt ſeure. Puiſque par un bon-heur perſonne n'eſt encore averty de la choſe, portons-le dans ſon lit, & tenons cette mort cachée, juſqu'à ce que j'aye fait mon affaire. Il y a des papiers, il y a de l'argent, dont je me veux ſaiſir, & il n'eſt pas juſte que j'aye paſſé ſans fruit auprés de luy mes plus belles années. Vien, Toinette, prenons auparavant toutes ſes clefs.

ARGAN *ſe levant bruſquement.*

Doucement.

BELINE *ſurpriſe, & épouvantée.*

Ahy!

ARGAN.

Oüy, Madame ma femme, c'eſt ainſi que vous m'aymez?

TOINETTE.

Ah, ah, le défunt n'eſt pas mort.

ARGAN *à Beline qui ſort.*

Je ſuis bien aiſe de voir voſtre amitié, & d'avoir

entendu le beau Panégyrique que vous avez fait de moy. Voilà un avis au Lecteur, qui me rendra sage à l'avenir, & qui m'empeschera de faire bien des choses.

BERALDE *sortant de l'endroit où il estoit caché.*

Hé bien, mon Frere, vous le voyez.

TOINETTE.

Par ma foy, je n'aurois jamais creu cela. Mais j'entens vostre Fille, remettez-vous comme vous estiez, & voyons de quelle maniere elle recevra vostre mort. C'est une chose qu'il n'est pas mauvais d'éprouver ; & puisque vous estes en train, vous connoistrez par là les sentimens que vostre famille a pour vous.

SCENE XIII.

ANGELIQUE, ARGAN, TOINETTE, BERALDE.

TOINETTE *s'écrie*:

O Ciel ! ah fâcheuse avanture ! mal-heureuse journée !

ANGELIQUE.

Qu'as-tu, Toinette, & dequoy pleures-tu ?

TOINETTE.

Helas ! j'ay de tristes nouvelles à vous donner.

ANGELIQUE.

Hé quoy ?

TOINETTE.

Vostre Pere est mort.

ANGELIQUE.

Mon Pere est mort, Toinette ?

TOINETTE.

Oüy, vous le voyez-là. Il vient de mourir tout à l'heure d'une foiblesse qui luy a prise.

ANGELIQUE.

O Ciel ! quelle infortune ! quelle atteinte cruelle. Helas ! faut-il que je perde mon Pere, la seule chose qui me restoit au monde ; & qu'encore pour un surcroist de desespoir, je le perde dans un moment où il estoit irrité contre moy ? Que deviendray-je, mal-heureuse, & quelle consolation trouver aprés une si grande perte ?

SCENE XIV. Et derniere.

CLEANTE, ANGELIQUE, ARGAN, TOINETTE, BERALDE.

CLEANTE.

Qu'avez-vous donc belle Angelique ? & quel mal-heur pleurez-vous ?

ANGELIQUE.

Helas ! je pleure tout ce que dans la vie je pouvois perdre de plus cher, & de plus precieux. Je pleure la mort de mon Pere.

CLEANTE.

O Ciel ! quel accident ! quel coup inopiné ! helas ! aprés la demande que j'avois conjuré vostre Oncle de luy faire pour moy, je venois me presenter à luy, & tâcher par mes respects & par mes prieres, de difpofer fon cœur à vous accorder à mes vœux.

ANGELIQUE.

Ah! Cleante, ne parlons plus de rien. Laiffons-là toutes les penfées du Mariage. Aprés la perte de mon Pere, je ne veux plus eftre du monde, & j'y renonce pour jamais. Oüy, mon Pere, fi j'ay refifté tantoft à vos volontez, je veux fuivre du moins une de vos intentions, & reparer par là le chagrin que je m'accufe de vous avoir donné. Souffrez, mon Pere, que je vous en donne icy ma parole, & que je vous embraffe, pour vous témoigner mon reffentiment.

ARGAN *fe leve.*

Ah! ma Fille.

ANGELIQUE *épouvantée.*

Ahy!

ARGAN.

Vien. N'aye point de peur, je ne fuis pas mort. Va, tu es mon vray fang, ma veritable Fille, & je fuis ravy d'avoir veu ton bon naturel.

ANGELIQUE.

Ah! quelle furprife agreable, mon Pere, puifque par un bon-heur extrême le Ciel vous redonne à mes vœux, fouffrez qu'icy je me jette à vos pieds pour vous fupplier d'une chofe. Si vous n'eftes pas favorable au panchant de mon cœur, fi vous me refufez Cleante pour époux, je vous conjure, au moins, de ne me point forcer d'en époufer un autre. C'eft toute la grace que je vous demande.

CLEANTE *fe jette à genoux.*

Eh, Monfieur, laiffez-vous toucher à fes prieres & aux miennes; & ne vous montrez point contraire aux mutuels empreffemens d'une fi belle inclination.

BERALDE.
Mon Frere, pouvez-vous tenir là-contre ?
TOINETTE.
Monsieur, serez-vous insensible à tant d'amour ?
ARGAN.
Qu'il se fasse Medecin, je consens au Mariage. Oüy, faites-vous Medecin, je vous donne ma Fille.
CLEANTE.
Tres-volontiers, Monsieur, s'il ne tient qu'à cela pour estre vostre gendre, je me feray Medecin, Apothiquaire mesmes, si vous voulez. Ce n'est pas une affaire que cela, & je ferois bien d'autres choses pour obtenir la belle Angelique.
BERALDE.
Mais, mon Frere, il me vient une pensée. Faites-vous Medecin vous-mesme. La commodité sera encore plus grande, d'avoir en vous tout ce qu'il vous faut.
TOINETTE.
Cela est vray. Voilà le vray moyen de vous guerir bien-tost ; & il n'y a point de maladie si osée, que de se joüer à la personne d'un Medecin.
ARGAN.
Je pense, mon Frere, que vous vous mocquez de moy. Est-ce que je suis en âge d'étudier ?
BERALDE.
Bon, étudier. Vous estes assez sçavant ; & il y en a beaucoup parmy eux, qui ne sont pas plus habiles que vous.
ARGAN.
Mais il faut sçavoir bien parler Latin, connoistre les maladies, & les remedes qu'il y faut faire.
BERALDE.
En recevant la robe & le bonnet de Medecin, vous

apprendrez tout cela, & vous serez aprés plus habile que vous ne voudrez.
ARGAN.
Quoy l'on sçait discourir sur les maladies quand on a cet habit-là?
BERALDE.
Oüy. L'on n'a qu'à parler, avec une robe, & un bonnet, tout galimatias devient sçavant, & toute sottise devient raison.
TOINETTE.
Tenez, Monsieur, quand il n'y auroit que vostre barbe, c'est déja beaucoup, & la barbe fait plus de la moitié d'un Medecin.
CLEANTE.
En tout cas, je suis prest à tout.
BERALDE.
Voulez-vous que l'affaire se fasse tout à l'heure?
ARGAN.
Comment tout à l'heure?
BERALDE.
Oüy, & dans vostre maison.
ARGAN.
Dans ma maison?
BERALDE.
Oüy. Je connois une Faculté de mes amies, qui viendra tout à l'heure en faire la ceremonie dans vostre sale. Cela ne vous coûtera rien.
ARGAN.
Mais, moy que dire, que répondre?
BERALDE.
On vous instruira en deux mots, & l'on vous donnera par écrit ce que vous devez dire. Allez-vous-en vous mettre en habit decent, je vay les envoyer querir.
ARGAN.
Allons, voyons cela.

CLEANTE.
Que voulez vous dire, & qu'entendez-vous avec cette faculté de vos amies....

TOINETTE.
Quel est donc vostre dessein?

BERALDE.
De nous divertir un peu ce soir. Les Comediens ont fait un petit Intermede de la reception d'un Medecin, avec des danses & de la Musique, je veux que nous en prenions ensemble le divertissement, & que mon Frere y fasse le premier Personnage.

ANGELIQUE.
Mais, mon Oncle, il me semble que vous vous joüez un peu beaucoup de mon Pere.

BERALDE.
Mais, ma Niéce, ce n'est pas tant le joüer, que s'accommoder à ses fantaisies. Tout cecy n'est qu'entre-nous. Nous y pouvons aussi prendre chacun un Personnage, & nous donner ainsi la Comedie les uns aux autres. Le Carnaval authorise cela. Allons viste preparer toutes choses.

CLEANTE à *Angelique*.
Y consentez-vous.

ANGELIQUE.
Oüy, puisque mon Oncle nous conduit.

Fin du dernier Acte.

COMEDIE.

TROISIE'ME INTERMEDE.

C'Est une Ceremonie Burlesque d'un homme qu'on fait Medecin, en Recit, Chant & Danse.

ENTRE'E DE BALLET.

Plusieurs Tapissiers viennent preparer la Salle, & placer les bancs en cadence. Ensuite dequoy toute l'Assemblée, composée de huit Porte-Seringues, six Apotiquaires, vingt-deux Docteurs, & celuy qui se fait recevoir Medecin, huit Chirurgiens dansans, & deux chantans, chacun entre & prend ses places selon son rang.

PRÆSES.

Sçavantissimi Doctores,
Medicinæ Professores,
Qui hic assemblati estis;
Et vos altri Messiores,
Sententiarum Facultatis
Fideles executores,
Chirurgiani & Apothicari,
Atque tota Compania aussi,
Salus, honor, & argentum,
Atque bonum appetitum.

Non possum Docti confreri,
En moy satis admirari,
Qualis bona inventio,
Est Medici professio;

Quam bella chosa est & bene trovata,
Medecina illa benedicta,
Quæ suo nomine solo
Surprenanti miraculo,
Depuis si longo tempore
Facit à gogo vivere
Tant de gens omni genere.

    Per totam terram videmus
Grandam vogam ubi sumus,
Et quod grandes & petiti
Sunt de nobis infatuti :
Totus mundus currens ad nostros remedios,
Nos regardat sicut Deos,
Et nostris Ordonnanciis
Principes & Reges soumissos videtis.

    Donque il est nostræ sapientiæ,
Boni sensus atque prudentiæ,
De fortement travaillare,
A nos bene conservare
In tali credita, voga, & honore ;
Et prandere gardam à non recevere
In nostro docto corpore
Quam personas capabiles,
Et totas dignas ramplire
Has plaças honorabiles.

    C'est pour cela que nunc convocati estis,
Et credo quod trouabitis
Dignam matieram medici,
In sçavanti homine que voicy :
Lequel in chosis omnibus
Dono ad interrogandum,
Et à fond examinandum
Vostris capacitatibus.

PRIMUS DOCTOR.

Si mihi licenciam dat Dominus Præses,
Et tanti docti Doctores,
Et assistantes illustres,
Tres scavanti Bacheliero
Quem estimo & honoro,
Domandabo causam & rationem, quare
Opium facit dormire?

BACHELIERUS.

Mihi à docto Doctore
Domandatur causam & rationem, quare
Opium facit dormire?
A quoy respondeo,
Quia est in eo
Virtus dormitiva,
Cujus est natura
Sensus assoupire.

CHORUS.

Bene, bene, bene, bene respondere.
Dignus, dignus est entrare
In nostro docto corpore.
Bene, bene respondere.

SECUNDUS DOCTOR.

Cum permissione Domini Præsidis,
Doctissima facultatis,
Et totius his nostris actis
Compania assistantis,

Demandabo tibi, docte Bacheliere,
Quæ sunt remedia,
Quæ in maladia
Ditte hidropisia
Convenit facere.

BACHELIERUS.

Clisterium donare,
Postea seignare,
Ensuitta purgare.

CHORUS.

Bene, bene, bene, bene responder
Dignus, dignus est entrare
In nostro docto corpore.

TERTIUS DOCTOR.

Si bonum semblatur Domino Præsidi,
Doctissima facultati
Et Companiæ præsenti,
Domandabo tibi, docte Bacheliere,
Quæ remedia Eticis,
Pulmonicis atque Asmaticis
Trovas à propos facere.

BACHELIERUS.

Clisterium donare,
Postea seignare,
Ensuitta purgare.

CHORUS.

COMEDIE.

CHORUS.

Bene, bene, bene, bene respondere :
Dignus, dignus est entrare
In nostro docto corpore.

QUARTUS DOCTOR.

Super illas maladias,
Doctus Bachelierus dixit maravillas :
Mais si non ennuyo Dominum Præsidem,
Doctissimam Facultatem,
Et totam honorabilem
Companiam écoutantem ;
Faciam illi unam questionem,
Dez hiero maladus unus
Tombavit in meas manus :
Habet grandam fiévram cum redoublamentis
Grandam dolorem capitis,
Et grandum malum au costé,
Cum granda difficultate
Et pena respirare :
Veillas mihi dire,
Docte Bacheliere,
Quid illi facere.

BACHELIERUS.

Clisterium donare,
Postea seignare,
Ensuitta purgare.

QUINTUS DOCTOR.

Mais si maladia
Opiniatria,

Tome VIII.

Non vult se garire,
Quid illi facere ?

BACHELIERUS.

Clisterium donare,
Postea seignare,
Ensuitta purgare, reseignare, repurgare,
& rechlitterisare.

CHORUS.

Bene, bene, bene, bene respondere :
Dignus, dignus est entrare
In nostro docto corpore.

PRÆSES.

Juras gardare statuta
Per Facultatem præscripta,
Cum sensu & jugeamento ?

BACHELIERUS.

Juro.

PRÆSES.

Essere in omnibus
Consultationibus
Ancieni aviso ;
Aut bono,
Aut mauvaiso ?

BACHELIERUS.

Juro.

COMEDIE.
PRÆSES.

De non jamais te servire
De remediis aucunis,
Quam de ceux seulement doctæ facultatis;
Maladus deust-il crevare
Et mori de suo malo?

BACHELIERUS.

Juro.

PRÆSES.

Ego cum isto boneto
Venerabili & docto,
Dono tibi & concedo
Virtutem & puissanciam,
Medicandi,
Purgandi,
Seignandi,
Perçandi,
Taillandi,
Coupandi,
Et occidendi
Impune per totam terram.

ENTRÉE DE BALLET.

Tous les Chirurgiens & Apotiquaires viennent luy faire la reverence en cadence.

BACHELIERUS.

Grandes Doctores doctrinæ,
De la Rhubarbe & du Sené:
Ce seroit sans douta à moy chosa folla,
Inepta & ridicula,
Si j'alloibam m'engageare
Vobis loüangeas donare,
Et entreprenoibam adjoutare

Des lumieras au Soleillo,
Et des Etoilas au Cielo,
Des Ondas à l'Oceano ;
Et des Rosas au Printanno ;
Agreate qu'avec uno moto
Pro toto remercimento
Randam gratiam corpori tam docto,
Vobis, vobis debeo
Bien plus qu'à natura, & qu'à patri meo,
Natura & pater meus
Hominem me habent factum ;
Mais vos me, ce qui est bien plus,
Avetis factum Medicum,
Honor, favor, & gratia,
Qui in hoc corde que voilà,
Imprimant ressentimenta
Qui dureront in secula.

CHORUS.

Vivat, vivat, vivat, vivat, cent fois vivat
Novus Doctor, qui tam bene parlat,
Mille, mille annis, & manget & bibat,
Et seignet & tuat.

ENTRÉE DE BALLET.

Tous les Chirurgiens & les Apotiquaires dansent au son des Instrumens & des Voix, & des battemens de mains, & des Mortiers d'Apotiquaires.

CHIRURGUS.

Puisse-t'il voir doctas
Suas Ordonnancias,
Omnium Chirurgorum,
Et Apotiquarum
Rmplire boutiquas

COMEDIE.

CHORUS.

Vivat, vivat, vivat, vivat, cent fois vivat
Novus Doctor, qui tam bene parlat,
Mille, mille annis, & manget & bibat,
Et seignet & tuat.

CHIRURGUS.

Puisse toti anni,
Luy essere boni
Et favorabiles,
Et n'habere jamais
Quam pestas, verolas,
Fiévras, pluresias,
Fluxus de sang & dissenterias.

CHORUS.

Vivat, vivat, vivat, vivat, cent fois vivat
Novus Doctor, qui tam bene parlat,
Mille, mille annis, & manget & bibat,
Et seignet & tuat.

DERNIERE ENTRE'E DE BALLET.

Des Medecins, des Chirurgiens & des Apotiquaires, qui sortent tous selon leur rang en Ceremonie comme ils sont entrez.

Fin du Malade Imaginaire, & des Oeuvres
de Monsieur de Moliere.

PRIVILEGE DU ROY.

LOUIS, PAR LA GRACE DE DIEU, ROY DE FRANCE ET DE NAVARRE: A nos amez & feaux Conseillers, les Gens tenans nos Cours de Parlement, Maistres des Requestes ordinaires de nostre Hostel, grand Conseil, Baillifs, Seneschaux, Prevosts, leurs Lieutenans, & à tous autres nos Justiciers & Officiers qu'il appartiendra : SALUT. Nostre cher, & bien amé DENIS THIERRY, Marchand Libraire, Imprimeur, & ancien Consul des Marchands à Paris, Nous a fait remontrer, qu'il a traité avec la Veuve de feu Jean Baptiste Poclin de Moliere, d'un Manuscrit intitulé, *Recüeil des Oeuvres Posthumes de I. B. P. de Moliere*, contenant le *Dom Garcie de Navarre, ou le Prince jaloux* ; *l'Impromptu de Versailles* ; *Dom Juan, ou le Festin de Pierre*; *Melicerte* ; *les Amans Magnifiques* ; *la Comtesse d'Escarbagnas* ; *& le Malade Imaginaire*, reveu, corrigé & augmenté : Lequel Recüeil il desireroit Imprimer, s'il avoit nos Lettres de permission sur ce necessaires ; & pour cet effet il a esté conseillé d'avoir recours à nous, & de nous supplier tres-humblement de les luy vouloir accorder. A CES CAUSES, voulant favorablement traiter ledit Exposant, Nous luy avons permis & accordé, permettons & accordons par ces presentes, d'Imprimer, ou faire Imprimer, vendre & débiter en tous les lieux de nostre Royaume, Païs, Terres & Seigneuries de nostre obeïssance, *ledit Recüeil des Oeuvres Posthumes de I. B. P. de Moliere*, ensemble, ou separement, en telle marge & caractere, & autant de fois que bon luy semblera, durant le temps de six années consecutives, à compter du jour que chaque Piece sera achevée d'imprimer pour la premiere fois. Pendant lequel temps nous faisons tres-expresses inhibitions, & défenses à toutes personnes, de quelque qualité, ou condition qu'elles soient, Imprimeurs, Libraires & autres, d'imprimer, faire imprimer, vendre & distribuer ledit Livre, sous pretexte d'augmentation, correction, changement de titre, fausses marques, ou autrement, en quelque sorte & maniere que ce soit, ny mesme d'en faire des extraits, ou abregez. Et à tous Marchands étrangers d'en apporter, ny distribuer en ce Royaume, d'autres Impressions, que de celles qui auront esté faites du consentement de l'Exposant, à peine de trois mille livres d'amende, payable par chacun des contrevenans, & applicable un tiers à nous, un tiers à l'Hospital General de nostre bonne Ville de Paris, & l'autre tiers à l'Exposant, de confiscation des Exemplaires contrefaits, & de tous dépens, dommages & interests. A condition qu'il sera mis deux Exemplaires desdits Livres dans nostre Bibliotheque publique, un en celle du Cabinet de nos Livres en nostre Château du Louvre, & un en celle de nostre tres-cher & feal le Sieur le Tellier, Chevalier Chancelier de France, avant que de les exposer en vente, à la charge aussi que l'Impression en sera faite dans le Royaume, & non ailleurs ; & que lesdits Livres seront imprimez sur de beau & bon papier, & de belle impression : Et ce suivant ce qui est porté par le Reglement fait pour la Librairie & Imprimerie, au mois de Juin 1618. enregistré en nostre Cour de Parlement de Paris le 9. Juillet ensuivant, à peine de nullité des presentes, lesquelles seront registrées dans le registre de la Communauté des

Imprimeurs & Libraires de noſtre bonne Ville de Paris. Si vous mandons & enjoignons, que du contenu en icelles, vous faſſiez joüir pleinement & paiſiblement ledit Expoſant, ou ceux qui auront droit de luy, ſans ſouffrir qu'il leur ſoit fait, ou donné aucun empeſchement. Voulons auſſi qu'en mettant au commencement, ou à la fin deſdits Livres une coppie des preſentes, ou extrait d'icelles, elles ſoient tenuës pour bien & duëment ſignifiées, & que foy y ſoit ajoûtée; & aux copies collationnées par l'un de nos amez & feaux Conſeillers & Secretaires, comme à l'original. Commandons au premier noſtre Huiſſier, ou Sergent ſur ce requis, de faire pour l'execution d'icelles tous exploits, ſaiſies, & autres actes neceſſaires, ſans demander autre permiſſion, nonobſtant toutes oppoſitions, ou appellations quelconques, Clameur de Haro, Chartre Normande, & autres Lettres à ce contraires. CAR tel eſt nôtre plaiſir. Donné à Chaville le vingtiéme jour d'Aouſt, l'an de grace mil ſix cens quatre-vingt-deux, & de noſtre regne le quarantiéme. Par le Roy en ſon Conſeil, LE PETIT.

Regiſtré ſur le Livre de la Communauté des Libraires & Imprimeurs de Paris, le vingt-ſixiéme Aouſt 1682. ſuivant l'Arreſt du Parlement du 8. Avril 1653. & celuy du Conſeil Privé du Roy, du vingt-ſeptiéme Février 1665.

ANGOT, Syndic.

Ledit THIERRY a aſſocié audit Privilege, Claude Barbin, & Pierre Trabouillette.

Achevé d'imprimer pour la premiere fois, le dernier jour d'Octobre mil ſix cens quatre-vingt deux.

L'OMBRE
DE
MOLIERE.
Comedie.

Quoy que cette Comedie ne soit pas de Monsieur de Moliere, on a crû qu'il estoit à propos, pour la satisfaction du Lecteur, de la mettre à la fin de ses Oeuvres, comme on a fait dans les Editions precedentes, pour ne pas supprimer une Piece de Theatre, qui est toute à l'avantage de cet illustre Autheur, & qui a tant de rapport avec plusieurs Personnages de ses Comedies.

A SON ALTESSE
SERENISSIME
MONSEIGNEUR
LE DUC
D'ENGUIEN.

ONSEIGNEUR,

 Voicy l'Ombre DE MOLIERE; c'est une Comedie dont le bon-heur sera parfait, si V. A. S. l'honore du moindre coup d'œil. Sans l'autorité que me donne un long usage, je ne hazarderois pas de mettre vôtre illustre Nom à la teste d'un Livre, lors qu'il va si glorieusement éclater à la teste

Z ij

EPISTRE.

des Armées. Alexandre mettoit Homere sous son chevet; Scipion & Lelie honorerent Térence de leur estime: mais sans le secours de ces Exemples, il suffit de celuy de V. A. S. pour justifier que les Armes & les Lettres n'ont rien d'incompatible, & que le Cabinet & le Camp peuvent estre Amis. Souffrez donc, MONSEIGNEUR, que les Oeuvres de MOLIERE tiennent quelque rang dans vostre Biblioteque, & que ma Comedie soit une espece de Table pour les siennes.

DE V. A. S.

MONSEIGNEUR,

Le tres-humble & tres-obeïssant serviteur,
BRECOURT.

Extrait du Privilege du Roy.

PAR Grace & Privilege du Roy, donné à Versailles le douziéme Avril 1674. Signé, Par le Roy en son Conseil, LE NORMANT: Et scellé du grand Sceau de cire jaune: Il est permis à CLAUDE BARBIN, Marchand Libraire à Paris, d'imprimer, faire imprimer, vendre & debiter une Piéce de Theatre, intitulée *L'OMBRE DE MOLIERE*, Comedie en Prose: Et défenses sont faites à toutes Personnes, de quelque qualité & condition qu'elles soient, d'imprimer, ou faire imprimer, vendre ny debiter ladite Piéce de Theatre, sans le consentement de l'Exposant, ou de ceux qui auront droit de luy, pendant le temps & espace de cinq années, entieres & accomplies, à compter du jour que ladite Piéce sera achevée d'imprimer pour la premiere fois, à peine contre chacun des contrevenans, de trois mil livres d'amende, confiscation des Exemplaires contrefaits, & de tous despens, dommages & interests, ainsi que plus au long, il est porté esdites Lettres de Privilege.

Regiſtré ſur le Livre de la Communauté, ſuivant l'Arreſt de la Cour.

D. THIERRY, Syndic.

Achevé d'imprimer pour la premiere fois le deuxiéme May 1674.

ACTEURS.

DEUX OMBRES.

CARON.

LE POETE.

PLUTON.

RADAMANTE.

MINOS.

MOLIERE, Poëte Comique.

LA PRETIEUSE de la Comedie des Pretieuses.

LE MARQUIS DE MASCARILLE de la mesme Comedie.

LE COCU du Cocu imaginaire.

NICOLE du Bourgeois Gentil-homme.

POURCEAUGNAC de la Comedie de Pourceaugnac.

MADAME JOURDAIN du Bourgeois Gentil-homme.

QUATRE MEDECINS de la Comedie des Medecins.

L'ENVIE.

La Scene est dans les Champs Elisées.

PROLOGUE DE L'OMBRE DE MOLIERE.

ORONTE, CLEANTE.
ORONTE.

Oint, vous dis-je; C'est une raillerie qu'on vous a faite de moy.
CLEANTE.
Je vous dis que je suis seur de la chose.
ORONTE.
C'est quelqu'un qui a voulu se divertir à mes dépens, vous dis-je.
CLEANTE.
Ah! que vous estes reservé.
ORONTE.
Mais que vous estes folâtre avec vostre Comedie! C'est bien à moy à entreprendre de ces Ouvrages? Non, non, Cleante, je me connois; & si parmy mes Amis je me laisse aller à produire quelque Epigramme, quelque Madrigal, ou de semblables bagatelles, croyez que cela ne m'a point donné assez bonne opinion de moy pour entreprendre un Ouvrage, que l'on puisse appeller Comedie. C'est un pas à la verité, que presque tous les Gens franchissent aisément; & il semble qu'il suffise d'avoir fait à plusieurs reprises une certaine quantité de mediocres ou de mé-

chans Vers, pour se donner avec beaucoup d'impunité le nom d'Autheur; & sous ce titre, on hazarde librement un assemblage de Caracteres bien ou mal fondez, d'Incidens amenez à force, & de Galimatias redoublez, que l'on baptize effrontément du nom de Comedie. Voilà par où plusieurs honnestes Gens ont échoüé dans le monde; & sur leur exemple je ne hazarderay point, mon cher Cleante, de perdre un peu d'estime que d'autres talens que la Poësie m'ont acquise. Quand on peut faire quelque chose de mieux qu'une méchante Piece, on ne doit point travailler à cet Ouvrage; & quoy qu'on entreprenne, si l'on ne peut y reüssir parfaitement, il vaudroit encore mieux ne rien faire du tout.

CLEANTE.

Je vous trouve admirable, Oronte, avec tous ces justes & beaux raisonnemens! Mais ce qui m'en plaist le plus, c'est de vous voir si bien condamner aux autres une démangeaison dont vous n'avez pû vous défendre. Oüy, morbleu, je vous dis que vous avez fait une Comedie.

ORONTE.

Moy?

CLEANTE.

Vous l'avez donnée à étudier déja.

ORONTE.

Encore?

CLEANTE.

C'est une petite piece en Prose.

ORONTE.

Bon.

CLEANTE.

Et les Comediens qui la representeront, sont cachez là haut dans vostre chambre, pour la repeter aujourd'huy. Là, rougissez à present qu'on vous met le doigt sur la piece. Hé?

PROLOGUE.
ORONTE.
Comment avez vous fceu cela ?
CLEANTE.
Ah ! comment je l'ay fceu ? Que me donnerez-vous, & je vous le diray ?
ORONTE.
Hé, de grace, dites-moy qui m'auroit pû trahir? C'eſt une choſe que je n'ay confiée qu'à mon Frere, & à ma Femme.
CLEANTE.
Socrate ſe repentit d'avoir dit ſon ſecret à la ſienne : Mais ce n'eſt point de la voſtre dont j'ay appris cecy ; & pour vous tirer d'inquietude, ſçachez que le hazard, & voſtre peu de ſoin, m'ont appris que vous aviez fait une Comedie. Vous connoiſſez voſtre écriture apparemment, puiſque je la connois auſſi. Tenez. *L'OMBRE DE MOLIERE, petite Comedie en Proſe.* Eh ?
ORONTE.
Ah Cleante ! je vous l'avouë, puiſque vous le ſçavez : Je m'y ſuis laiſſé aller ; il eſt vray, vous tenez mon Ouvrage ; C'eſt une petite piece de ma façon, & vous eſtes trop de mes amis, pour ne vous le pas dire.
CLEANTE.
Ah ! je vous ſuis trop obligé vrayment, & vous m'avez confié ce ſecret de trop bonne grace pour ne vous en pas témoigner ma reconnoiſſance.
ORONTE.
Que vous eſtes fou ! Donnez-donc. C'eſt une bagatelle que je n'ay pas jugé digne d'entrer dans voſtre confidence ; & pour vous le dire franchement, c'eſt l'effet de quelques heures de mélancolie qui m'ont fait griffonner ce petit Ouvrage. Vous ſçavez que j'eſtimois Moliere, & cette Piece n'eſt autre choſe qu'un Monument de mon amitié que je conſacre à ſa memoire. La maniere dont il

paroift dans ma Comedie, le reprefente naturellement comme il eftoit, c'eft à dire comme le cenfeur de toutes les chofes déraifonnables, blâmant les fottifes, l'ignorance, & les vices de fon fiecle.

CLEANTE.

Il eft vray qu'il a heureufement joüé toutes fortes de matieres ; & fon Theatre nous a fervy long-temps d'une divertiffante & profitable Ecole.

ORONTE.

Il eftoit dans fon particulier, ce qu'il paroiffoit dans la Morale de fes pieces ; honnefte, judicieux, humain, franc, genereux ; & mefme, malgré ce qu'en ont creu quelques efprits mal faits, il tenoit un fi jufte milieu dans de certaines matieres, qu'il s'éloignoit auffi fagement de l'excés, qu'il fçavoit fe garder d'une dangereufe mediocrité. Mais la chaleur de noftre ancienne amitié m'emporte, & je m'apperçois qu'infenfiblement je ferois fon Panegyrique, au lieu de vous demander quartier. J'ay plus befoin de grace, que fa memoire de loüange : c'eft pourquoy, cher Cleante, je vous redemande ma Piece : Mais puifque vous eftes icy, honorez-la de voftre attention, & ne la regardez, je vous prie, que comme une chofe que j'ay dédiée à la feule memoire de mon amy.

CLEANTE.

Allez, Oronte, quelque chofe que ce foit ; le feul fentiment qui vous l'a fait entreprendre, vous doit affurer de la reüffite de voftre Ouvrage ; & rien n'eft plus honnefte à vous, que de montrer au public avec quelle juftice vous eftimiez un fi grand Homme.

ORONTE.

Ne me faites pas rougir davantage, Cleante, & venez feulement donner voftre avis fur noftre repetition.

Fin du Prologue.

L'OMBRE DE MOLIERE.

SCENE PREMIERE.

Le Theatre s'ouvre par DEUX OMBRES, qui en dansant, apportent chacune un morceau de tout ce qui peut former un Tribunal; & aprés l'avoir dressé, elles se disputent un Balay pour nettoyer ce lieu, où Pluton se doit venir rendre bien-tost.

PREMIERE OMBRE.

ONNE, donne moy ce Balay.
2e OMBRE.
Je n'en feray rien, c'est à moy à balayer icy : Pluton y va venir, & je veux que tout soit net, & propre comme il faut.

1ᵉ OMBRE.

Oüy, mais je te difpute cet honneur ; cela m'appartient mieux qu'à toy.

2ᵉ OMBRE.

Et par quelle raifon ?

1ᵉ OMBRE.

Par la raifon que quand j'eftois en l'autre Monde, je me fuis fi bien acquitté de mon employ, que je merite bien en celuy-cy l'honneur de l'exercer encore.

2ᵉ OMBRE.

Et quel merite avois-tu plus que moy en l'autre Monde ? N'eftions-nous pas Laquais tous deux ?

1ᵉ OMBRE.

Oüy, mais il y a Laquais, & Laquais.

2ᵉ OMBRE.

Et qu'as-tu à me reprocher ? N'ay-je pas fidellement fervy tous les Maiftres à qui j'ay efté ?

1ᵉ OMBRE.

Ay-je manqué en rien, moy, à tout ce que les miens m'ont commandé ? Et quand je fervois, par exemple, cet illuftre & fameux Tailleur, m'a-t-on jamais veu luy friponner la moindre guenille des chofes qu'il déroboit ?

2ᵉ OMBRE.

Et quand je fervois, moy, mon petit grifon de Procureur, m'a-t-on jamais veu abufer des fecrets qu'il me confioit, ny reveler aucune des friponneries qu'il faifoit à fes Parties ?

1ᵉ OMBRE.

M'a-t-on veu manquer jamais à la fidelité que j'ay dûë à une Maiftreffe coquette que je fervois, ny avertir fon Mary que je portois tous les jours des Billets doux à fes Galans ?

DE MOLIERE.

2e OMBRE.

Et durant les quatre années que j'ay servy ce fameux Empirique, m'a-t-on jamais oüy dire le moindre mot des Poisons qu'il composoit, & de toutes les vies qu'il vendoit par ce moyen au plus offrant & dernier encherisseur?

1e OMBRE.

Tout beau ; Le secret de faire mourir les Gens a quelque rapport avec la Medecine, & nous ne serions pas bien venus à enfiler ce discours. Nous nous échapperions peut-estre à parler contre les Medecins en parlant des morts. Tu sçais que ces Messieurs sont un peu vindicatifs, & que depuis quelque temps sur tout, nous en avons icy qui ne preschent que la vengeance de ceux qui n'ont pas voulu mourir par leurs mains ; Et s'il arrive que nostre grand Pluton leur accorde quelque empire en ces lieux, comme ils le pretendent, ils pourroient bien étendre leur colere jusques sur nous, pour n'avoir pas parlé d'eux avec tout le respect qu'ils attendent. C'est pourquoy nous ferons mieux de nous taire.

2e OMBRE.

A propos, c'est donc pour ces Messieurs que la Feste se fait, & que nous venons tout preparer icy?

1e OMBRE.

Je ne sçay si c'est pour d'autres, ou pour eux ; mais je sçay bien que Pluton s'y doit rendre bien-tost pour juger une grande affaire. C'est pourquoy, si tu m'en crois, au lieu de quereller, & de disputer de nos avantages, nous prendrons chacun un Balay, & nous nettoyerons ensemble, pour avoir plûtost fait. Aussi bien je voy trop d'ordure icy pour un seul Balayeur.

2e OMBRE.

Tu as raiſon ; mais j'entens du bruit ; Seroit ce déja Pluton ?

1e OMBRE.

Attens : Non, non, ce n'eſt pas luy encore ; c'eſt Caron avec le Genie du Poëte Doucet. Je croy qu'ils n'auront jamais finy leur querelle.

2e OMBRE.

A qui en a Caron auſſi, de tourmenter inceſſamment ce pauvre Genie ?

1e OMBRE.

Il faut bien qu'il luy ait fait quelque choſe.

SCENE II.

CARON, LE POETE, LES DEUX OMBRES.

CARON.

Que font-là ces Coquins ? Allons, tout est-il net ?

1. OMBRE.

Oüy, Messieurs, & vous pouvez quereller icy fort proprement.

CARON.

Quoy ! tu ne me laisseras pas en repos ? Veux-tu te retirer ?

LE POETE.

Helas, Caron, helas !

CARON *le raillant sur le mesme ton.*

Helas, Caron ! helas ! A qui diable en as-tu avec tes piteux helas ?

LE POETE.

Quoy ! me laisser secher ainsi dans les Champs Elisées. N'as-tu point quelque endroit à me mettre, & dois-je rester parmy les Ombres errantes ?

CARON.

Et où veux-tu que je te fourre, mal-heureux Genie que tu es ? Veux-tu que je te mette parmy les Poëtes ? Cela est indigne de ton merite. Que je t'aille nicher aussi parmy des Heros ; Ma foy,

tu les as un peu trop bien accommodez, pour croire qu'ils s'accommodassent de toy.
LE POETE.
Et quel outrage leur ay-je fait ?
CARON.
Ce que tu leur as fait ? Ma foy, tu les as fait de fort jolis garçons ; & principalement les Heros Grecs ont grand besoin de se loüer de toy. Tu les as si bien barboüillez, qu'ils n'ont plus besoin de masque au Carnaval pour se déguiser.
LE POETE.
Que tu fais le plaisant mal à propos !
CARON.
Tu as raison, mais ce n'est que depuis que nous nous voyons. Ce Faquin, sans me connoistre, m'a si bien traduit en Diseur de bons mots, que l'on me chante en l'autre Monde comme un Operateur crotesque, moy qui à force d'entendre des lamentations, dois estre triste comme un bonnet de nuict sans coëffe. Hé bien ! tenez, ne voi-là-t-il pas encore ? Un bonnet de nuict sans coëffe ! Depuis que je connois cet Animal, je ne dis que des sottises. Il me prend envie de te mettre aux mains avec Virgile, il t'apprendra à me connoistre.
LE POETE.
Helas, Caron, helas !
CARON.
Encore ? Ma foy, je te bailleray de ma Rame sur les oreilles.
LE POETE.
Peux-tu traiter avec tant de rigueur un Genie qui a passé pour la douceur mesme ?
CARON.
Hé tu n'estois que trop doux, mon Enfant, & un peu de sel t'auroit fait grand bien. Mais je
suis

suis las de t'entendre ; nous avons bien d'autres affaires ; Adieu, va te promener. Ne vas pas gâter nos belles Allées au moins, ny t'amuser à cüeillir nos Lauriers. Ce n'est pas viande pour tes Oyseaux.

LE POETE.

Où veux-tu donc que j'aille ?

CARON.

Promene-toy sur l'Egoust ; & si la faim te prend, on te permet de manger quelques Chardons pour te rafraischir la bouche.

LE POETE.

Helas ! Car....

CARON.

Ah, le Bourreau ! Tu ne sortiras pas ? Allons ; Balayeurs faites vostre charge ; Voicy Pluton ; & cet animal n'a que faire icy.

Les Ombres chassent le Poëte avec les manches de leurs Balays.

SCÈNE III.

PLUTON, RADAMANTE, MINOS, L'ENVIE, CARON.

PLUTON, *assis dans son Tribunal.*

ÇA, il est donc question de rendre justice aujourd'huy. Fais venir l'Accusé, Caron : & que l'Envie ameine les Complaignans. Nous avons donc bien des affaires, Messieurs.

RADAMANTE.

Sans doute, & il nous est arrivé aujourd'huy une Ombre qui nous va bien donner de la Besogne.

MINOS.

Ce ne sera pas une bagatelle que cette affaire-cy.

PLUTON.

Comment?

MINOS.

Je vay vous instruire de tout, afin que vous n'ayez pas la peine tantost d'interroger les Parties. Il y avoit autrefois là-haut un certain Homme qui se mesloit d'écrire, à ce qu'on dit ; mais il s'estoit rendu si difficile, que rien ne luy sembloit parfait. Il se mit d'abord à critiquer les façons de parler particulieres ; Ensuite il donna sur les habillemens ; De là il attaqua les mœurs ; & se mit inconsiderement à blâmer toutes les sottises du monde : Il ne put jamais se résoudre à souffrir tous les abus qui s'y glissoient. Il dévoila le mystère de chaque chose, fit connoistre publiquement quel interest faisoit agir les hommes, & fit si bien enfin, que par les lumieres qu'il en donnoit, on commençoit de bonne foy à trouver presque toutes les choses de la vie un peu ridicules. Il n'y eut pas jusqu'à la Medecine mesme qui n'eut part à sa Censure; & ce fut une des choses qu'il toucha le plus souvent, & sceut si bien reüssir en cette matiere, que pour peu qu'il l'eust traitée encore, il y auroit eu lieu de craindre pour les Medecins qu'ils n'eussent accomply pour une seconde fois quelque petit bannissement de six cens années.

PLUTON.
Cela nous auroit fait grand tort.

MINOS.
Et c'est son arrivée icy qui cause cette Audience, qui sans doute ne sera pas sans difficulté. Chacun prétend avoir sujet de se plaindre de luy: Luy qui pretend n'avoir offensé personne; Au contraire de la maniere dont il parle, il semble que tout le monde luy soit obligé, & mesme il en donne d'assez bonnes raisons, & voilà qui est embarassant.

PLUTON.
Tu l'as donc veu?

MINOS.
Je viens de l'entretenir il n'y a qu'un moment.

PLUTON.
Où l'as-tu laissé?

MINOS.
Dans l'Allée des Poëtes, où il a trouvé l'Esprit de Terence & celuy de Plaute, avec qui il se divertit.

PLUTON.

Il faudra entendre les raisons de chacun. Qu'on les fasse venir ; mais faites-les moy paroistre sous les mesmes figures qu'ils avoient en l'autre Monde, afin de les mieux discerner.

RADAMANTE.

Voicy déja l'Accusé que Caron vous ameine.

PLUTON.

Où sont les Complaignans ?

MINOS.

L'Envie les doit conduire icy.

SCENE IV.

MOLIERE, CARON, PLUTON, RADAMANTE, MINOS.

CARON.

JE n'y puis plus tenir ; Jamais il ne s'est veu tant d'Ombres en un jour ; & la Porte va rompre, si vous n'y donnez ordre.

TOUTES LES AMES.

Caron....

CARON.

Entendez-vous comme on m'appelle ? Dés qu'ils ont veu que je faisois entrer cette Ombre, ils ont pensé me devorer.

TOUTES LES AMES.

Caron....

CARON.

On y va. Ordonnez donc ce que vous voulez que je laisse entrer.

DE MOLIERE.
TOUTES LES AMES.

Caron....

PLUTON.

Hé patience. Qui sont-ils tous ces gens-là ?

CARON.

Ce sont des Prétieuses, des Bourgeoises, des Marquis ridicules, des Femmes sçavantes, des Avares, des Hypocrites, des Jaloux, des Cocus, & des Medecins.

PLUTON.

En voilà trop pour un jour : Qu'il n'en vienne qu'une partie.

CARON.

J'oubliois encore un Limousin, dont l'esprit est assez materiel pour servir de Corps en un besoin.

PLUTON.

Fais les entrer selon le rang qu'ils auront à la porte, Radamante, prens le rôle pour écrire les noms des Complaignans. C'a, qui est celle-cy ?

SCENE V.

LA PRETIEUSE, CARON, PLUTON, MOLIERE, MINOS, RADAM.

CARON

Vous l'allez reconnoistre à son langage.

LA PRETIEUSE.

Grand Monarque des sombres Habitations, plaise aux Destins que vous prestiez attentivement le sens auriculaire de vostre Justice aux éloquentes articulations de nos clameurs, & que par le triste visage de nostre ame vous puissiez estre penetré de nos unanimes sentimens.

PLUTON.

Quel langage est-ce là?

CARON.

C'est le franc Prétieux.

PLUTON.

Voilà un beau jargon, vrayment. Ecoutons.

LA PRETIEUSE.

La surprenante horreur de nostre accablement coûtera, sans doute, quelque égarement à la grandeur de vostre ame. Vous voyez à vos genoux une Addition de Prétieuses qui vous en represente le Corps, pour faire pancher en leur faveur l'équilibre de vostre Justice contre le materiel échapement de ce Chronologiste scandaleux. Bien que la vengeance ne soit pas d'une ame du premier Ordre, lors que l'outrage a pris le vif, c'est une foiblesse de se laisser aller aux tendres émulations d'une pitié seduite par les vaines erreurs de l'ostentation.

PLUTON.
Ma foy, je n'y entens goute.

LA PRETIEUSE.
La ferocité de cet esprit sauvage a si bien donné la chasse au Gibier de nostre éloquence, que l'indigestion de nos pensées n'ose plus trouver le supplément de nos expressions. Il nous a si bien atteintes du crime d'absurdité, que nous en paroissons presque convaincuës par tout le pied-d'estal du bas monde. Pardonnez, grand Monarque, si j'ose vous parler si vulgairement, & si toutes nos pensées ne sont pas revestuës d'expressions nobles & vigoureuses.

PLUTON.
Hé, il n'y a point de mal à cela; au contraire, on ne se picque pas icy de beau langage. Dites un peu naturellement vostre affaire, car foy de Dieu d'icy bas je n'y ay rien compris encore.

LA PRETIEUSE.
Se peut il faire que vostre noire Majesté ait la forme si enfoncée dans la matiere?

PLUTON.
Ma foy, je ne vous entens pas.

LA PRETIEUSE.
Quoy! la dureté de vostre Comprehension ne peut estre amollie par le concert éclatant des rares qualitez de vos vertus sublimes?

PLUTON.
Je ne sçay ce que c'est que tout cela; mais j'au-

ray soin de vous rendre justice. Passez sur les ai-
les de mon Trosne.
LA PRETIEUSE.
Quoy, Monarque enfumé ! vous répandrez de
vos propres bontez sur le gemissement de nos al-
tercations ?
PLUTON.
Cela se pourra bien ; mais laissez-nous un peu
travailler à d'autres jugemens. Minos, écris-la
sur le rôle, & me fais ressouvenir de tout ce
qu'elle a dit. Allons, que répons-tu à cette accu-
sation ?
MOLIERE.
Rien, & cette matiere est indigne de moy.
PLUTON.
Hé bien, que quelqu'autre entre donc, on jugera tout ensemble.
CARON.
Allons, que le plus proche de la porte vienne.

SCENE VI.

LE MARQUIS, CARON, PLUTON, MINOS, RADAMANTE, MOLIERE.

PLUTON.
CA, qui est celuy-cy?

LE MARQUIS à Moliere sur un ton de fausset.
Ah parbleu! mon petit Monsieur, je suis bien aise de vous trouver icy.

MOLIERE.
Qui es-tu, toy, pour me parler ainsi?

LE MARQUIS.
Je suis un de ces Marquis, mon Amy, que vous tournez en ridicules.

MOLIERE.
Et où sont les grands Canons que je t'avois donnez?

CARON.
Ils sont restez à la porte, qui estoit trop étroite pour les faire passer.

PLUTON.
Cà, que demandez-vous?

LE MARQUIS.
Je demande justice pour mes Rubans, mes Plumes, ma Perruque, ma Caleche, & mon Fausset, qu'il a joüez publiquement.

Tome VIII.　　　　　　　　B

PLUTON.

Que répons-tu?

MOLIERE *chagrin.*

Rien.

PLUTON.

Aux autres; passez, on vous jugera à loisir.

CARON *à l'entrée de la porte.*

Arrestez-donc, vous n'entrerez pas.

PLUTON.

Qu'est-ce?

CARON.

C'est le plus fâcheux de tous nos Morts. Un Chasseur qui s'est cassé la teste sur son cheval Alezan, & qui ne parle à tout le monde que de gaulis, de gigots, de pieds, de croupe, & d'encolure.

PLUTON.

Fais donc venir qui tu voudras. Je commence à me lasser de tout cecy.

CARON.

Entrez, vous.

PLUTON.

Çà, qu'est-ce encore que cette grosse Ombre cy?

CARON.

C'est l'Ombre d'un Cocu.

PLUTON.

L'Ombre d'un Cocu? Il faut que ce soit un Corps! Parle, que veux-tu?

SCENE VII.

LE COCU *Imaginaire*, MOLIERE, PLUTON, CARON, MINOS, RADAMANTE.

LE COCU.

VOus voyez en ma seule Ombre tout le Corps des Cocus; Vous les voyez icy en moy, dis-je, affligez, outragez, & tout contrits des affronts publics que ce grand Corps a receus depuis que malicieusement cet ennemy juré de nostre repos nous a rendus le joüet de tout le monde. Il n'est presque aucun mary qui n'ait senty les traits picquans de sa satyre; & depuis qu'il s'est mêlé d'annexer le Cocuage à de certains maris, il se voit peu de familles où l'on ne soit persuadé de trouver des Cocus de pere en fils. Ce soupçon outrageant est devenu par son moyen comme un Titre de Maison; & il en a excepté si peu de gens, que si je ne parle pour tout le monde, il ne s'en faut guéres du moins. Voilà dequoy se plaint nostre illustre Corps, qui avant sa scandaleuse médisance vivoit dans l'estat de la premiere innocence. Chacun vivoit content de sa petite reputation; Le scandale ne regnoit point publiquement comme il fait; & si l'on avoit le malheur d'estre Cocu, on avoit du moins la douceur de l'estre en son petit particulier.

Mais depuis qu'il a dévoilé les mysteres secrets, ce n'est plus par tout qu'une gorge chaude des pauvres Maris. On en va à la moutarde, & plusieurs honnestes Gens même ont pris en dot le Titre de Cocus, en signant leur Contract de Mariage. Si la discretion des Notaires n'estoit grande, quelqu'un de ces Messieurs en pourroit parler avec beaucoup de seureté. Voila le desordre & le déreglement qu'il a mis en l'autre monde, dont nous demandons en celuy-cy justice, vengeance, & reparation.

PLUTON à *Moliere.*

Qu'avez-vous à dire là-dessus?

MOLIERE.

Rien; je passe condamnation pour les Cocus, & j'ay trop mal reüssi dans cette affaire pour me pouvoir défendre. Quelque soin que j'aye pris de faire horreur du Cocuage, j'avouë de bonne foy que c'est un vice dont je n'ay pû corriger mon siecle.

PLUTON.

Minos, mets-le sur le Rôlle. Allez, on va vous écrire. Qu'est-ce? Qu'y a-t-il de nouveau?

SCENE VIII.

CARON, PLUTON, MOLIERE, MINOS, RADAMANTE.

CARON.

JE ne sçay d'où nous est venu encore une plaisante espece d'Ombre : Mais je croy, si l'on pouvo't trepasser deux fois, qu'elle feroit mourir de rire tous les morts d'icy-bas.

PLUTON.

Comment donc ?

CARON.

Elle rit de tout, & ne s'afflige de rien, pas même d'estre veuë icy à la fleur de son âge.

PLUTON.

Cela est de bon sens ; y venir tost ou tard, c'est toûjours y venir ; & comme l'usage de la mort est un peu de durée, on fait bien de s'y accoustumer de bonne heure. Mais qui est-elle cette Ombre ?

CARON.

Ce n'est qu'une Servante.

PLUTON.

N'importe, fais-la entrer, il faut entendre tout le monde.

CARON.

Allons, la Rieuse, entrez.

SCENE IX.

NICOLE, PLUTON, MOLIERE, MINOS, RADAMANTE, CARON.

MOLIERE.

AH! c'est Nicole.
NICOLE *riant à gorge déployée.*
Hé: oüy, c'est moy. Quand j'ay appris que vous estiez icy, par ma figue, ay-je dit en moy-même, il faut que j'aille voir ce pauvre Homme qui m'a tant fait rire en l'autre monde.
MOLIERE.
Tu es donc bien aise d'estre en celuy-cy, Nicole, puisque tu ris si fort?
NICOLE.
C'est que vous m'avez appris à me mocquer de tout. Et puis franchement je ne suis pas trop fâchée d'estre icy, & je ne trouve point que la Mort soit si dégoûtante que l'on se l'imagine.
PLUTON.
Et d'où vient que tu t'accommodes si aisément d'une chose que les hommes trouvent si peu aimable?
NICOLE.
C'est que je ne me souciois guéres de vivre.
PLUTON.
Quoy! tu n'estois pas bien aise de voir la lumiere?

NICOLE.

Non, car je ne faisois tous les jours que la même chose, dormir, boire, & manger, & il me semble que le plaisir de la vie est de changer quelquefois. A cette heure, voulez-vous que je vous dise? il y a une certaine égalité parmy les Morts qui ne me déplaist pas. Je ne voy personne icy qui soit plus grand Seigneur l'un que l'autre; & j'ay pensé étouffer de rire, quand j'ay rencontré en venant mille sortes de Gens qui se desesperoient. Un riche Banquier passe & maigre, qui endévoit de s'estre laissé mourir de faim. Un Amoureux qui s'estoit tué pour une Maistresse qui ne l'aimoit point. Un Alchimiste qui enrageoit d'avoir passé sa vie en fumée; mais entr'autres choses, des Dames qui pleuroient de me voir assise auprés d'elles. D'autres qui s'affligeoient de n'avoir plus de toilettes, de miroirs, & de petites boëttes. Il n'y a rien de plus plaisant que de les voir sans rouge, sans mouches, & sans cheveux; avec leur grand front chauve, leurs yeux creusez, & leurs joües décharnées, vous les prendriez pour des Carêmes-prenans. Enfin la plus belle & la plus laide se ressemblent comme deux gouttes d'eau.

PLUTON.

Il n'est pas question de cela. Qu'avez-vous à dire contre l'Accusé?

NICOLE.

Moy? Par ma figue, je n'ay rien à dire contre luy, c'est une bonne Ombre; & tenez, Monsieur Pluton, c'est peut-estre la meilleure piece de vostre Sac.

PLUTON.

Que voulez-vous donc?

NICOLE *riant.*

Monsieur, je viens vous prier. ...

L'OMBRE
PLUTON.
Hé?
NICOLE *riant.*
Je viens vous prier, Monsieur....
PLUTON.
Et là dites donc?
NICOLE *riant toûjours.*
Je viens vous prier, Monsieur.... de me...
laisser.... de me laisser.... de me laisser....
PLUTON *la contrefaisant.*
Et moy, ma Mie, je vous prie de nous laisser... de nous laisser.... de nous laisser.... de nous laisser en repos, s'il vous plaist.
NICOLE *éclatant de rire.*
Monsieur, je vous prie.... s'il vous plaist... de m'accorder le plaisir.... le plaisir de rire tout mon sou, de vous, & de vostre royaume.
PLUTON.
Ostez-moy cette Impudente. Qu'est ce encore? Je n'en veux plus entendre; Qu'on me laisse en repos; L'Audiance est finie, & je vais prononcer.
CARON.
Hé, c'est l'Ombre de Pourceaugnac, ce brave Limousin; Elle n'a qu'un mot à vous dire.
PLUTON.
Hé bien qu'il entre. Ah quelle peine! Ne sera-ce jamais fait?

SCENE X.

POURCEAUGNAC, PLUTON,
MOLIERE, MINOS, RADAM.
CARON.

POURCEAUGNAC.

GRAND Roy des Morts, vous me voyez icy, Deputé de la part de tous les Limousins trépassez, qui vous demandent qu'il leur soit permis d'ajourner cette Ombre leur partie par-devant Vous, à trois jours, pour se voir condamner à reparation d'honneur envers les Pourceaugnacs passez, presens, & futurs, tant des affronts receus, que de ceux qu'ils recevront. A quoy je conclus.

PLUTON *à Moliere.*

Répondez.

MOLIERE.

Hé Monsieur de Pourceaugnac ! Quel sujet avez-vous de vous plaindre de moy ? Si vous preniez bien les choses, ne me loüeriez-vous pas, au lieu de me blâmer, d'avoir rendu vostre Nom aussi celebre que j'ay fait ? Car dites-moy un peu ; Ne vous ay-je pas deterré du fond du Limousin, & à force de tourmenter ma cervelle, ne vous ay-je pas amené dans la plus illustre Cour du Monde ? Raisonnons un peu de bonne foy; Ne m'avez-vous pas quelque obligation de vous avoir fait faire un si beau voyage?

POURCEAUGNAC.

Hé.... oüy.

MOLIERE,

N'est-ce pas moy qui vous ay fait connoistre?

POURCEAUGNAC.

D'accord.

MOLIERE.

Ne vous a-t-on pas veu avec beaucoup de plaisir?

POURCEAUGNAC.

Cela est vray, car chacun rioit dés qu'on me voyoit.

MOLIERE.

Vous a-t-on jamais banny des Lieux publics?

POURCEAUGNAC.

Au contraire, on y donnoit de l'argent pour me voir.

MOLIERE.

Et enfin n'ay-je pas rendu vostre nom immortel par tout vostre royaume?

POURCEAUGNAC.

Et comment immortel?

MOLIERE.

Comment? Et dés qu'il arrive en France quelqu'un qui ait tant soit peu de vostre air, de vos gentillesses, & de vos petites façons de faire, fust-ce un Prince, ne dit-on pas; Voila un vray Pourceaugnac? Et n'est-ce pas un honneur considerable pour vous, & pour vostre Province, que vostre nom quelquefois puisse servir d'une Qualité aux Gens de la plus haute Naissance?

POURCEAUGNAC.

Il a quelque raison au fonds.

MOLIERE.

Hé, prenons toûjours les choses du bon costé; N'allons point envenimer les intentions, & croyons tout à nostre avantage : Je n'ay jamais rien fait qu'à vostre honneur & gloire, & serois bien fâché, Monsieur de Pourceaugnac, que les choses eussent tourné autrement.

POURCEAUGNAC.

Ma foy, aprés tout je pense en effet que j'ay tort de m'estre fâché contre luy. Qui diantre sont les sottes Ombres aussi qui s'avisent de me mettre des fariboles dans la teste ? Allez, vous estes des bestes : Monsieur est une honneste Ombre, qui a pris la peine de me faire connoistre, & vous ne sçavez pas prendre les choses du bon costé. Monsieur, je suis fâché de tout cecy, & je vous demande pardon pour les Ombres de Limoge. Je suis vostre valet, tout à vous, vostre serviteur, & vostre amy. Je vais chercher mon cousin l'Assesseur, & mon Neveu le Chanoine, afin que nous beuvions ensemble quelques verres d'oubly, pour ne nous plus souvenir du passé.

MOLIERE.

Adieu, Monsieur de Pourceaugnac.

PLUTON.

Messieurs, il est tard, & je vais lever le siege.

SCENE XI.

MADAME JOURDAIN, PLUTON, MOLIERE, CARON, RADAM. MINOS.

Mᵉ JOURDAIN *toute éfoufflée.*

JUSTICE, justice, justice, justice, justice.

PLUTON.

Qui eſt-ce encore icy ? Je ne veux plus entendre perſonne, & je ſuis las de tant d'impertinentes plaintes. Pourquoy l'as-tu laiſſée entrer ?

CARON.

Elle a forcé la porte.

PLUTON.

Prens donc bien garde aux autres, & qu'il n'en entre plus. Je n'ay jamais tant veu de Canailles en un jour. Ça; que demandez-vous ?

Mᵉ JOURDAIN *d'un air chagrin & bruſque.*

Ce que je n'auray pas.

PLUTON.

Que vous faut-il ? hé !

Mᵉ JOURDAIN.

Il me faut ce qui me manque.

PLUTON.

Quelle nouvelle eſpece eſt-ce encore icy ? Dites-nous donc ce que vous avez ?

Mᵉ JOURDAIN.

J'ay la teste plus grosse que le poing, & si je ne l'ay pas enflée.

MOLIERE.

Ah! c'est Madame Jourdain, je la reconnois: Et comment estes-vous icy, Madame Jourdain?

Mᵉ JOURDAIN.

Sur mes pieds comme une Oye.

PLUTON.

Ah quelle Femme!

MOLIERE.

Vous venez vous plaindre de moy, n'est-ce pas, Madame Jourdain?

Mᵉ JOURDAIN.

Camon; j'aurois beau me plaindre, beau me plaindre j'aurois.

PLUTON.

Encore?

MOLIERE.

Madame Jourdain est un peu en courroux.

Mᵉ JOURDAIN.

Oüy, Jean Ridoux.

PLUTON.

Courage. Hé bien, qu'avez-vous à me dire?

Mᵉ JOURDAIN.

Oüy, qu'avez-vous à me frire?

PLUTON.

Diable soit la Masque! Que l'on me l'oste d'icy, & que d'aujourd'huy personne ne me parle. Je suis las de tous ces Extravagans, & me voilà dans une colere que je ne me sens pas. Qu'est-ce encore? Qu'y a-t-il? Que veut-on? Seray-je toûjours troublé, persecuté, accablé d'affaires? Hé, quelle misere est cecy! A-t-on jamais veu un Dieu plus fatigué que moy?

Pluton se leve de son Tribunal.

SCENE XII.

CARON, PLUTON, MINOS, RADAMANTE.

CARON.
Grand Roy....

PLUTON *marchant en colere.*
Non, je croy que tout cet embarras me fera renoncer à mon empire.

CARON.
Ce sont....

PLUTON.
Quoy, sans repos !

CARON.
Il y a....

PLUTON.
Sans plaisir !

CARON.
Ce sont...

PLUTON.
Sans relâche ! Non je ne veux plus rien entendre. Que tout soit renversé, bouleversé sans dessus dessous, je n'écoute personne ; Qu'on ne m'en parle plus.

CARON.
Ce sont des Medecins qui viennent d'arriver, & qui voudroient vous demander un moment d'audiance.

DE MOLIERE.
PLUTON.

Des?

CARON.
Des Medecins.

PLUTON *courant se mettre sur son Tribunal*

Des Medecins ! Ho ! qu'on les fasse entrer: Ce sont nos meilleu's Amis ; Qu'ils viennent, qu'ils viennent : D'honnestes Gens à qui je dois trop pour leur rien refuser. Ils ont augmenté le nombre de mes sujets, & je leur en dois sans doute une ample reconnoissance. Mais les voicy.

SCENE XIII.

QUATRE MEDECINS, PLUTON, RADAM. MINOS, MOLIERE, CARON.

MOLIERE.

HA, voicy de mes Gens. Ecoutons-les parler, & puis nous répondrons.
PLUTON.
Messieurs, soyez les bien vēnus. Vous visitez un Prince qui vous honore fort; je sçay toutes les obligations que je vous ay, & que dans ce vaste empire des Morts vous pouvez vous vanter avec raison d'y avoir aussi bonne part que moy: Aussi en revanche de vos bons & fidelles services je ne prétens pas vous rien refuser. Demandez seulement.
1. MEDECIN.
Grand Monarque des Morts, vous voyez icy la fleur de vos plus fidelles Pensionnaires.
2. MEDECIN *bredoüillant*.
Jamais nous n'avons laissé échapper la moindre occasion de vous donner des marques de nôtre obeïssance & fidelité.
PLUTON.
J'en suis persuadé. L'Opium, l'Emétique, &
la

la Saignée m'ont rendu témoignage que vous m'avez fidellement servy.

3. MEDECIN.
Nous avons fait nostre devoir.

PLUTON.
Beaucoup de Gens sont venus icy de vostre part, qui m'en ont assuré.

4. MEDECIN.
C'est avec plaisir que l'on sert un si grand Monarque.

PLUTON.
Je vous suis obligé, & j'ay bien de la joye de vous voir. Ce n'est pas que vous ne m'eussiez esté encore un peu necessaires là-haut, & j'ay eu quelque chagrin quand les Parques m'ont dit que vous veniez icy : Mais je m'en suis neantmoins consolé, lors que j'ay appris que vous aviez laissé de grands enfans qui sçavoient assez bien leur mestier, & que mesme il estoit déja venu icy quelques Morts de leurs amis, qui en avoient fait une experience fort raisonnable. Mais que souhaitez-vous de moy ?

3. MEDECIN.
Nous venons vous demander justice d'un Temeraire qui pretend traiter la Medecine d'Imposture, & de Charlatanerie.

PLUTON.
C'est donc quelqu'un qui la connoist.

4. MEDECIN.
C'est une rage sans fondement, une simple avidité de tout satiriser, & une animosité envenimée par la seule envie d'écrire, & de former des Cabales contre nous.

MOLIERE *à part*.
Je vous confondray dans peu, superbes Imposteurs.

Tome VIII.

3. MEDECIN.

Il s'est mesme déja glissé jusques dans ces Lieux une médisance secrette qui nous regarde. Tous les Morts semblent se liguer contre nous; Il leur échappe des Satyres picquantes, & des injures calomnieuses contre les Medecins; & nous venons icy, Grand Monarque, vous remontrer humblement, de la part de nostre illustre Corps, de quelle importance il est, pour l'accroissement de vostre Empire, que vous reprimiez l'audace & l'insolence de tous ces Morts.

PLUTON.

On apprendra à vivre à ces Morts-là. J'entens & je pretens qu'on vous regarde comme les plus fermes appuis de mon Estat. Mais qui sont ces Morts-là qui ont l'impudence d'aller gaster vostre Mestier? Nommez, nommez-les moy; J'en veux faire un bon exemple.

4. MEDECIN.

C'est un nombre infiny de petits Esprits qui se sont laissez emporter au torrent, & qui n'ont poussé leurs plaintes que comme les Echos qui repetent les peines des autres sans les avoir senties. Mais c'est à l'Autheur de nos maux que nous en voulons; c'est à celuy qui comme un nouveau Caton, s'est venu déchaîner contre nous, & qui aprés le mépris évident qu'il a fait de nostre illustre Corps, a poussé son audace encore jusqu'à nous tourner en Ridicules, en nous rendant la fable & la risée du public. C'est cette Ombre, en un mot, cet insolent Fleau de nostre Faculté, dont nous vous demandons une vengeance authentique.

PLUTON.

Répondez.

MOLIERE.

C'est donc à moy à qui vous en voulez, Messieurs; Vous demandez vengeance du mépris que j'ay fait de vôtre illustre Corps: Je vous ay tournez en Ridicules, je vous ay rendus la fable & la risée du public. Hé bien, il faut répondre, & tracer plus naturellement vos traits, afin de vous bien faire connoistre. Pluton, je jure icy par le respect que je te dois, que ce n'est point contre ce grand Art de la Medecine que je prétens me déchaîner. J'en adore l'étude, j'en revere la judicieuse pratique, mais j'en abhorre & deteste le pernicieux & méchant usage qu'en font par leur negligence des Fourbes ignorans, que la seule Robe fait appeller Medecins; & ce n'est qu'à ceux qui abusent de ce nom que je vais répondre.

PLUTON.

Ah! voicy une conversation raisonnable celle-cy.

MOLIERE.

Imposteurs! qui peut mieux prouver vostre ignorance, & l'incertitude de vos projets, que vos contrarietez perpetuelles? Vous trouvez-vous jamais d'accord ensemble? & jusqu'à vos moindres Ordonnances, a-t-on jamais veu un Medecin suivre celle de l'autre, sans y ajoûter ou diminuer quelque chose? Quant à leurs opinions, elles sont encore plus differentes que leurs pratiques. Les uns disent que la cause des maux est dans les humeurs; les autres dans le sang. Quelques-uns, par un pompeux galimathias, l'imputent aux atomes invisibles, qui entrent par les pores. Celuy-cy soutient, que les maladies viennent du defaut des forces corporelles: Celuy-là, qu'elles procedent de l'inégalité des élemens du corps, & de la qualité de l'air que nous respirons, ou de l'abondance, crudité, & corruption de nos alimens. Ah que cette diversité d'opinions marque bien l'ignorance des Medecins! mais encore plus la foiblesse ou la temerité des Malades qui s'abandonnent aux agitations de tant de vents contraires!

PLUTON aux Medecins.

Messieurs, hé?

MOLIERE.

Ce qu'ils ont de plus unanime dans leur École, & où ils s'entendent le mieux, c'est que tous tant qu'ils sont nous assurent que dans la composition d'une Medecine, une chose purge le cerveau, celle-cy échauffe l'estomac, celle-là rafraîchit le foye, & font partir un Breuvage à bride abbatuë, comme si dans ce mélange chaque Remede portoit son Etiquette, & que tous n'allassent pas ensemble sejourner au même lieu. Il faut que ces Messieurs soient bien assurez de l'obeïssance & de la sagesse de leurs Drogues: Car enfin, si par mégarde l'une alloit prendre le chemin de l'autre, & que la partie qui doit estre échauffée vint par méprise à estre refroidie, voyez un peu où le pauvre malade en seroit.

PLUTON.

Messieurs, hé?

MOLIERE.

Mais quoy, les Imposteurs abusant de l'occasion, usurpent effrontément une authorité tyrannique sur de pauvres Ames affoiblies & abattuës par le mal, & par la crainte de la mort. Ils prennent si bien leur avantage de nos foiblesses, que de nostre aveu mesme, dans ce dangereux moment, ils hazardent effrontément aux dépens de nos vies toutes les épreuves que leur suggerent leurs ambitieuses imaginations. Les Scelerats osent tout tenter, sur cette confiance que le Soleil éclairera leurs succez, & que la Terre couvrira leurs fautes.

PLUTON.

Messieurs, hé ?

MOLIERE.

Il me souvient icy, avec quelque douleur, de la foiblesse d'un de mes Amis qui s'estoit sottement confié par leurs noires seductions à l'experience d'un Remede. Deux heures après l'avoir pris, le Medecin qui l'avoit ordonné, luy en vint demander l'effet, & comme il s'en estoit trouvé. J'ay fort sué, luy répondit le Malade. Cela est bon, dit le Medecin. Trois heures ensuite, il luy vint demander comment il s'étoit porté depuis. J'ay senty, dit le Patient, un froid extrême, & j'ay fort tremblé. Cela est bon, suivit le Charlatan. Et sur le soir, pour la troisiéme fois, il revint s'informer encore de l'estat où il se trouvoit. Je me sens, dit le Malade, enfler par tout, comme d'hydropisie. Tout cela est bien, répondit le Bourreau. Le lendemain j'allay voir ce pauvre Malade ; & luy ayant demandé en quel estat il estoit : Helas ! mon cher Amy, dit-il, en rendant le dernier soûpir, à force d'estre bien, je sens que je meurs. Ah ! m'écriay-je alors tout percé de douleur, qu'heureux sont les Animaux que la simple Nature sçait guerir sans le secours de leurs Consultations ! Que l'estre brutal seroit à souhaiter, quand on devient malade ! Mais aussi qu'il seroit à craindre, s'il se trouvoit autant de Medecins parmy les Bestes, que de Bestes parmy les Medecins !

L'OMBRE
PLUTON.
Messieurs ?
MOLIERE.
« Qu'ils se plaignent maintenant de moy, & que ton équité, Grand Monarque, paroisse dans tes Jugemens.

SCENE DERNIERE.

CARON, LES OMBRES, PLUTON, RADAMANTE MINOS, MOLIERE.

CARON.

OH ! je n'y puis plus tenir. Depuis que je conduis la Barque, je n'ay jamais tant veu de Morts pour un jour ; & si vous n'y venez donner ordre, je ne sçay pas ce que nous en ferons.

PLUTON.
Comment, nous avons donc bien des Gens ?
CARON.
Tout créve à la porte.
PLUTON.
Puisque nous avons tant de Morts icy-bas, il faut qu'il y ait encore bien des Medecins là-haut. Mais qu'ils attendent à un autre jour, je ne juge d'aujourd'huy, & voicy ma derniere Sentence. Retirez-vous un peu, que je prenne les opinions. Minos, qu'en dis-tu ?

MINOS.

Moy ? Que cette Ombre est de bon sens, & qu'elle merite bien quelque jugement avantageux.

RADAMANTE.

Il n'y a qu'honneur à juger en sa faveur.

PLUTON.

J'en demeure d'accord ; mais aussi les obligations que nous avons à ces Messieurs m'embarassent ; & je croy qu'un Arbitrage conviendroit mieux à cette affaire, qu'un jugement dans les formes. Ne trouvez-vous point à propos de leur proposer un accommodement ?

MINOS.

Hé, oüy-da ; car il est vray que nous avons quelque mesure à garder avec la Faculté.

RADAMANTE.

Je suis de cet avis.

PLUTON.

Je m'en vais leur parler. Cà, Messieurs ; Qu'est-ce ? N'y a-t-il pas moyen de vous rapatrier ? Je vois de part & d'autre que les raisons peuvent subsister ; Daccord ; mais à les bien peser, entre nous, la Balance panchera de son costé ; & sans l'alliance jurée entre nous, franchement, Messieurs, vous seriez tondus. C'est pourquoy si vous m'en croyez, tâchez de vous accommoder ensemble ; & pour faciliter l'affaire, j'aime mieux relâcher de mes interests, & consentir que vous m'en envoyiez quelques millions de Morts moins qu'à l'ordinaire.

LES MEDECINS.

Quoy ! nostre Ennemy juré ? Non, non...

PLUTON.

Ho, ho, Messieurs, si vous n'estes contens, prenez des Cartes. J'y perds plus que vous, & si je ne me plains pas.

L'OMBRE DE MOLIERE.
LES MEDECINS.
Quoy, Pluton...

PLUTON.
Quoy ! vos Ombres temeraires m'osent repliquer, moy, qui puis vous faire évanoüir d'un souffle seulement.

LES MEDECINS.
Nous demandons justice, justice.

PLUTON.
Encore ? Ah je m'en vais souffler. Fu, fu.
Mais il est temps de prononcer
En quel endroit je dois placer
Ton Ombre avecque ta Memoire.
Que la Posterité t'en choisisse le lieu ;
Et tandis qu'elle ira travailler à ta Gloire,
Entre TERENCE ET PLAUTE occupe le milieu.

On fait un Carillon avec des Cloches qui s'accordent avec les Violons.

CARON.
Messieurs, Pluton se va coucher, son Bonnet de nuit l'attend ; Vous avez oüy la retraite. Bon-soir.

FIN.

www.ingramcontent.com/pod-product-compliance
Lightning Source LLC
Chambersburg PA
CBHW071515160426
43196CB00010B/1535